501

Merve Verlag

McKenzie Wark

Raven

Übersetzt von Joannie Baumgärtner

Merve Verlag

Originaltitel »Raving«

Printed in Germany
Druck- und Bindearbeiten: Alfa print, Martin
Umschlagentwurf: Jochen Stankowski, Dresden
Redaktorat: Marie Beckmann, Berlin | Tom Lamberty, Leipzig
ISBN 978-3-96273-061-1
www.merve.de

INHALT

[…] so findet sich auch, wenn die Erkenntniß gleichsam durch ein Unendliches gegangen ist, die Grazie wieder ein; so, daß sie, zu gleicher Zeit, in demjenigen menschlichen Körperbau am Reinsten erscheint, der entweder gar keins, oder ein unendliches Bewußtsein hat, d. h. in dem Gliedermann, oder in dem Gott.

Mithin, sagte ich ein wenig zerstreut, müßten wir wieder von dem Baum der Erkenntniß essen, um in den Stand der Unschuld zurückzufallen?

Allerdings, antwortete er; das ist das letzte Capitel von der Geschichte der Welt.

Heinrich von Kleist, *Ueber das Marionettentheater*, 1810

All meinen Späherïnnen und Raverïnnen

Danksagung

Am 27. Juli 2021 fragte mich die Herausgeberin der Buchreihe »Practices«, Margret Grebowicz, ob ich bis zum 22. September 2021 ein Buch für ihre Reihe einreichen könnte.

In einem Anflug blanken Wahnsinns sagte ich zu. Seit ich 2018 mit den Hormonen anfing, hatte ich abgesehen von einigen Auftragsarbeiten für Zeitschriften kein ernstzunehmendes Buchprojekt mehr begonnen – jedenfalls keines, mit dem ich zufrieden gewesen wäre. Deine Anfrage half mir, einen Bann zu brechen, deshalb: danke dir, Margret.

Immerhin musste ich nicht bei null anfangen. Der erste Teil von »Raven als Praxis« war in *UNTER, Rave Posters*, Bd. 1, 2015-2020 (Brooklyn NY, Untermaid Products, 2021) erschienen. Eine frühe Version von »Xeno-Euphorie« wurde im *Noon Journal*, Nr. 12 (»New Communities«) abgedruckt. In abgewandelter Form habe ich den Text für die A-Seite eines Spoken Word Bandcamp-Albums mit dem Titel *Lonesome Cowgirl* benutzt, dass ich während des Lockdowns 2020 über einen Mix von Nick Bazzano aufgenommen habe. Zu guter Letzt bildete er die eine Hälfte eines Vortrags, den ich via Zoom zu Mark Fishers »Acid Communism« am HKW in Berlin gehalten habe. Aus der anderen Vortragshälfte ist dann »Ketamin Femmunismus« entstanden. Ein Teil von »Exzess-Maschine« wurde zum ersten Mal mit einem Track von Body Techniques bei *Writing on Raving* performt, einer Reihe, die Zoë Beery und Geoffrey Mak im Januar 2022 im Nowadays veranstaltet haben. Danke an alle für die Möglichkeit, mit dieser Form des Schreibens experimentieren zu können.

Danke auch an die Fellows des GiDEST Seminars an der New School und die Master-Studierenden der Akademie der Bildenden Künste in Prag für ihr konstruktives Feedback. Ein besonderer Dank geht an all meine Studierenden am Eugene Lang College und an den Liberal Studies der New School.

Danke an meine externen Lektor'innen bei Duke, insbesondere an Lektor'in 2, die immer etwas für mich zu tun hatte. Danke an alle bei Duke. Danke an Lira Yin für den Schriftzug auf dem Umschlag der Originalausgabe dieses Buches.

Danke auch an TransTwitter. Nein, ernsthaft. Ich habe eine Menge von parasozialen trans- und trans-nahestehenden Freund'innen und Bekannten gelernt, manche kenne ich oder habe sie zumindest IRL, im richtigen Leben, mal getroffen, viele aber auch nicht.

Besonderer Dank geht auch an die frühen Leser'innen aus den Rave-Gruppen auf Discord und Signal, einschließlich Q, L, Z und H.

Über die Maßen dankbar bin ich außerdem meinen New Yorker Queer- und Trans-Raver-Communities. Besondere Shout-Outs gehen an diejenigen, die im Nachtleben arbeiten: in der Logistik, an der Tür, hinterm Tresen, am Sound und am Licht, in der Awareness. Ich sehe euch und ich bin dankbar für die Situationen, die ihr für uns herstellt, in ihrer diffizilen Balance aus Einschränkung und Ermöglichung.

Cheers an alle, die zu dem Rave-chen an meinem Sechzigsten im (schwer vermissten) Bossa Nova Civic Club gekommen sind und besonders an Cedric für die Liebenswürdigkeit, mit der du dich um diese alte Queen gekümmert hast.

Das Erste, wonach ich auf Raves Ausschau halte: Wer braucht es und wer von denen, die es brauchen, kommt damit klar?

Erstmal Pause. Im Hof, wo es kühler ist. Die Krüppelfüße pulsieren. Ich lehne mich an etwas oder jemanden. Köstliche Erschöpfung. Füße ausruhen. Wasser trinken. Es wird hell. Überlege, nach Hause zu gehen. Habe meine Begleitung verloren – nennen wir sie Z und E. Denke, dass sie wahrscheinlich noch irgendwo hier sind. Alles ist gut. Ein Moment für mich, ohne alleine zu sein.

Die Menge durchmustern. Alle in kleinen Grüppchen, sitzend, stehend. Ich glaube B und H zu sehen und vielleicht A. Mir gefällt, dass hier größtenteils die Art von Publikum zu finden ist, die Raves brauchen. Ich bin chemisch darauf gepolt, Sachen zu mögen. Bin jetzt schon seit 'ner Weile auf Emma und steuere auf das Plateau zu, von dem aus man dann runter in den Dreck schlittert.[1] Selbst in diesem nervigen Licht sehen die alle immer noch aus wie Menschen, mit denen ich zusammen sein will. Es ist nicht immer leicht, eine erkennbar transsexuelle Raverin mittleren Alters zu sein. Gerade befinde ich mich in einer Situation, in der ich weder gemieden werde noch groß Aufmerksamkeit auf mich ziehe.

Die Vorgeschichte zu dieser Situation beginnt damit, dass ich zum ersten Mal das Plakat überflog. Kein echtes Plakat. Meine Freund'in Q hatte es via DM geschickt. Ein winziges Quadrat voll mit visuellen Informationen. Ich notierte mir das Datum in meinem Kalender und räumte mir den Folgetag frei. Es geht um einen queeren New Yorker Rave, den es seit 2015 gibt. Die Ankündigung verspricht sowas wie eine Welt unbegrenzter Möglichkeiten im Miniaturformat. Sicher, es wird ein Rave sein. Mit großartigen DJs. Vielleicht gibt es sowas wie ein Motto. Man weiß zwar nicht, wo er stattfindet, wird es aber schon rauskriegen.

An der Gestaltung der Plakate fällt noch etwas anderes auf. Jedes Plakat adaptiert eine andere Stilrichtung und variiert sie auf je eigene Weise. Was ziemlich genau das trifft, worum es geht. Raum einnehmen. Maschinen einnehmen. Chemie einnehmen. Aus dem Innenraum der Zeichen, der Technik und der Gebäude spielen. Wenigstens ein Stück weit. Es gibt kein Außerhalb mehr, aber vielleicht finden wir ja sowas wie eine fraktale Welt im Inneren. Das jedenfalls nenne ich einen tollen Rave.

In einer guten Nacht kommt alles, was einen tollen Rave ausmacht, genau im richtigen Spannungsverhältnis von Absicht und Zufall zusammen. Alle tragen dazu bei. Ein Teil davon ist Arbeit: Da ist W an der Bar und serviert eine Mate-Soda. Da ist N und schultert eine Monitorbox. Da ist S, der Veranstalter, im Gedränge, wie er Getränkemarken ausgibt. Hier ist O mit einer dicken Umarmung und einem warmen Lächeln. Doch niemand macht es Spaß, wenn man einfach nur herkommt, um die Arbeit zu konsumieren.

Der Großteil des New Yorker Queer- und Trans-Ravepublikums hat das kapiert. Manche kommen, um ihre Looks zu zeigen, manche kommen, um ihren Schweiß auf der Tanzfläche zu lassen. Ich gehöre zur letzteren Sorte. Ich möchte auf der Tanzfläche sowohl stimuliert werden als auch stimulierend sein. Wie ein Knotenpunkt in einem wogenden Feld fleischiger Gestalten, die in der pulsierenden Luft umherschwirren.

Das ist es, was ein toller Rave verspricht: Erfass die Situation. Erweitere sie. Spiel mit ihr. Pitch sie hoch, polier sie auf. Setz einen Akzent, einen Move, zur richtigen Zeit. Jeder Moment wird in den nächsten übergehen, egal was du tust. Die Rhythmusmaschinen haben uns überholt. Sie sind unerbittlich. Sie haben das ersetzt, was einst Geschichte genannt wurde. Zwischen den Beats allerdings gibt es einen Raum, der noch gefüllt werden will.

Die Beats rufen nach mir. Ich muss zurück auf den Floor. Die Krüppelfüße haben nun lange genug ausgeruht, um den Rückweg anzutreten und mir noch mehr abzuholen. Ich fädele mich zurück durch das Wirrwarr an Körpern, das sich im Hof ausgebreitet hat. Zurück über die Schwelle. Hinter der es dunkel, heiß und laut ist, ein Nebel, durchdrungen von blendenden Lichteffekten. Die Beats ziehen mich an. Sie beschwören die Zeit im Inneren der Maschine herauf, in der wir alle stecken und die unbekümmert weiterläuft, die Zeit, in der wir hier, in dieser liebevoll ausgestalteten Situation, diesem Kunstwerk mit vielen Schöpferinnen, mit animalischem Zorn brennen mögen, bis sie sich dem Ende zuneigt.

Tanze nah an DJ Goth Jafar. Das Girl neben mir – nennen wir sie F. Ich weiß nicht, was wir sind. Freundinnen mit gewissen Vorzügen, vielleicht? Vielleicht sind wir inzwischen auch einfach nur eine gelegentliche Rave-Crew. Wie auch immer, heute Nacht ist sie drauf. Und das heißt auf nicht nur einem ganzen Pilz mitsamt Stiel. Reine Bewegung, reine Lust. Sie gibt es sich. Schweißgebadet. Ich schalte auf Rave-Mutti-Modus. Nicht, dass sie nicht für sich selbst sorgen könnte. Sie hat in einem früheren Leben, in einem anderen Geschlecht, Kämpfe durchgemacht. Berühre sie leicht an der Schulter. Als sie sich umdreht, mache ich eine Trinkbewegung und rufe »Wasser?«. Check. Ich hole was.

Neben ihr steht, was meine Rave-Freundïn B einen *Punisher* nennt, wenn auch, wie wir noch sehen werden, keiner der üblen Sorte. Er ist jemand, der es dir schwer macht, in Rave-Stimmung zu kommen, auf die ein oder andere Art. Er steht stocksteif vor dem/der DJ und checkt sein Telefon. Dann dreht er sich zu seinem Freund um, einem anderen Punisher. Sie unterhalten sich lautstark. Dann fuchtelt er mit seiner Bierdose rum und spritzt dabei die Umstehenden voll. Als ich mit dem Wasser zurückkomme, hat F sich von ihm abgesetzt.

Raves müssen für eine ganze Menge an Bedürfnissen, Interessen und Sehnsüchten herhalten. Für Zerstreuung, Unterhaltung, Bewegung, Dating, Cruising und so weiter. All das lässt sich ebenso gut auf andere Weise befriedigen. Mein Interesse gilt daher einer spezifischen Konstellation von Bedürfnissen und einem gewissen Personenkreis, für die der Rave selbst das Bedürfnis darstellt.

Ich habe kein Interesse an Punisherïnnen. Noch weniger an denen, die H, eine andere Rave-Bekanntschaft, *Coworkerïnnen* nennt: Leute, die nur ausgehen, um montags im Büro etwas zu erzählen zu haben. Nachdem wir den Punishern ausgewichen sind, hängen wir jetzt neben einem Coworker fest. Er ist voll drauf, ein bisschen zu arg. Ich verurteile das nicht, das Gefühl ist mir vertraut. Aber das macht es unmöglich, neben ihm zu tanzen. Hyperschnelle, erratische Bewegungen – er wirft sich umher, als wäre er der einzige hier. Wir ziehen weiter.

Mich interessieren Menschen, für die Raven eine gemeinschaftliche Praxis ist, die es einem möglich macht, dieses Leben auszuhalten. Es gibt eine Menge Metaphern, die ich dafür verwenden könnte: Rave als Sucht, als Ritual, Performance, Katharsis, Distinktion, Grazie, oder als Widerstand.[2] Nehmen wir aber nicht zu viel vorweg. Lassen wir lieber ein paar *Begriffe* des Ravens aus Teilnahme und Beobachtung heraus entstehen.[3] Ich werde euch zum Raven mitnehmen.

Meine Schreibpraxis über das Raven besteht darin, zunächst einige Situationen in ziemlich unsortierten, heterogenen Details zu schildern, dann einige Begriffe, die dabei auftauchen, herauszuarbeiten und schließlich das Ganze zusammenzuführen, indem ich diese Begriffe destilliere, bevor der Beat stoppt – oder wohl eher, bevor das Buch endet.[4]

Eine Ebene dieser Schreibweise könnte man Autofiktion nennen.[5] Ich bin Teil des Geschriebenen. Hi! Das bin ich. Die Geschichten sind hier um die Fakten herumtänzelnde Fiktionen. Diese Dinge sind nicht passiert. Die Person, der sie nicht passiert sind, bin ich.

Die zweite Ebene könnte man als Autotheorie bezeichnen.[6] Eine solche Art des Schreibens leitet aus Situationen eher Begriffe ab, als dass sie darauf angewiesen ist, Geschichten aus ihnen herauszuziehen. Die Situationen sind die Raves.

Wie sieht ein Rave aus? Wie ein Presslufthammer in der Sauna. Raven, rumstreunen, *rêver* (träumen).[7] Wenn etwas Rave genannt wird, weckt das sofort ein paar Erwartungen: Es wird lange dauern. Weshalb ein paar chemische Helfer nützlich sein könnten. Man wird unter Leute kommen, sich vielleicht kennenlernen, ein bisschen Anbandeln, vielleicht sogar Rave-Sex haben, doch vor allem sind wir hier, um zu tanzen – bis zur Erschöpfung.

Es gibt verschiedene Arten von Raves. Wir werden auf queer- und transfreundliche Raves in Brooklyn, New York gehen. Es gibt auch ein paar legale Veranstaltungsorte, die von den Raver'innen, die ich kenne, bevorzugt werden. Die sind zwar nicht unbedingt queer oder trans, aber je nach Party und Nacht sorgen wir auch da für Abwechslung. In der Regel werden wir uns jedoch an diversen Spielorten mit unterschiedlichen Illegalitätsgraden aufhalten, deren genaue Location erst am Tag des Raves durchgegeben wird.

Die Musik wird meistens Techno sein. Repetitiv, four-to-the-floor-Beats, um die 120 bis 140 bpm. Wenn überhaupt, wenige Vocals. Kaum Sounds, die irgendeinen Bezug zu irgendeinem bekannten Musikinstrument haben. Manche sagen, der Techno käme aus Deutschland, aber in meinen Augen ist das Schwarze Musik. Die für ein White Girl wie mich wie eine Gabe daherkommt, und zwar eine, die viele von uns zu ganz anderen als den ursprünglichen Zwecken nutzen. In den Sounds und Beats aus dem Repertoire des Techno finden sich Klangsituationen für alle möglichen prekären Lebensformen, darunter auch die von Queers und Transpersonen.[8]

DeForrest Brown Jr.: »Techno, als historisches Artefakt, entlehnt seine zentrale Prämisse dem Akt des afroamerikanischen Traums von einer Zukunft jenseits des strukturellen Versagens, das der postindustrielle Zusammenbruch im späten 20. Jahrhundert verursacht hat. Als denkbar intuitive Antwort auf den urbanen Verfall Detroits und anderer US-amerikanischer Städte Anfang der 1980er Jahre ist Techno – anstatt ein regulärer Teil des globalen Musik-Technologie-Kartells und der drogeninduzierten Ökonomie des Nachtlebens zu sein – der Beweis dafür, dass eine Schwarze Jugend aus der Zeit nach der Bürgerrechtsbewegung aus ihren Erfahrungen mit Mainstream-Technologien in den Industriestaaten des Nordens einen Nutzen zu ziehen wusste. Detroit Techno – ein Konzept zur Erschaffung von Klangwelten und zum chiffrierten Informationsaustausch, das eine jahrhundertealten Genealogie afroamerikanischer Kämpfe und Aufstände fortsetzt – wurde schließlich exportiert, umetikettiert und für den Ausverkauf auf ausländischen Märkten freigegeben, um so von der britischen und europäischen postkolonialen Drogen- und Rave-Revolution assimiliert zu werden – und damit den profitgetriebenen Ausbeutungsprozess fortzuschreiben.«[9]

Es liegt eine gewisse Ironie darin, dass Situationen, die von uns, die wir zur globalen, queeren Drogen-Rave-Welt gehören, geschaffen wurden, jetzt auch zu Orten der Ausbeutung zählen.

Auf den aktuellen Brooklyn-Raves werden wir oft in Begleitung anderer Transpersonen unterwegs sein, die zwar wie ich meist weiß, aber viel jünger sind. Transpersonen sind eine kleine, aber eigensinnige Untergruppe von Raverïnnen und ich habe einige Theorien dazu, warum das so ist. Dazu später mehr. Auf einem Rave treffen unterschiedliche Arten von Raverïnnen aufeinander, von denen wir einige kennenlernen werden. Das alles wird allerdings aus dem Blickwinkel dieser weißen, transsexuellen Tanzverrückten mittleren Alters aus der Mittelklasse erzählt.

Das ist nicht mein erstes Rodeo. Ich bin nach einem zwanzigjährigem Chillout zur Praxis des Ravens zurückgekehrt. Es wird also ein paar vage Erinnerungen an die Raves der Achtziger und Neunziger geben, auch wenn ich auf die »guten alten Zeiten« nichts gebe. Das hier ist eine Geschichte über die Suche nach etwas schwer Greifbaren im Jetzt. Etwas, zu dem ich zurückgekehrt bin und das ich mit einer gewissen Naivität neu erlerne – mit einer Offenheit für das Verrückte und für jene Einsichten, die sich daraus ergeben, dass ich mich verliere.

Einmal bin ich in der Tat verloren gegangen. Habe Emma und Keta und Gras durcheinander konsumiert, wie eine übereifrige Coworkerin. Ich bin schwer drauf; alles tut weh. Kann den Ausgang aus diesem possierlichen Kaninchenbau von Location nicht finden. Fasse den festen Entschluss, nicht in Panik zu geraten. Schlurfe durch die unzähligen Räume und im Hof umher, registriere Momente und Umstände, bis die Türen sich öffnen und wir alle nach draußen strömen. Tageslicht bricht sich im dampfenden Schweiß.

Eigentlich habe ich mich auf Raves im Griff. Auf einem überbelichteten Dancefloor, mitten in einem umwerfenden Set von madison moore, liebe es, wozu dey meinen Körper bringen. Strobos blitzen. Auf viel zu viel Psilocybin. Fällt mir schwer, das Gleichgewicht zu halten. Alles dreht sich. Halte kurz inne, für einen Schluck Wasser. Tänzle am Rand des Dancefloors entlang, die Wand abtastend. Von meiner Entourage für diese Nacht ist keiner zu sehen, doch da sind A und U. »Wie läuft dein Trip?« Ein kurzes Gespräch, das erdet schon, dann weiterziehen.

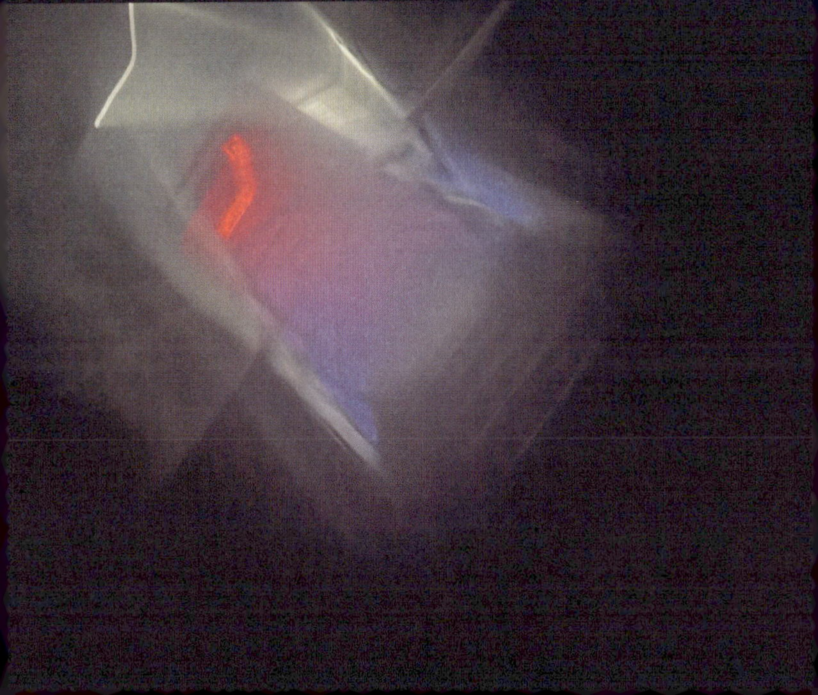

Zwei Etagen die Metalltreppe hoch, neben dem Darkroom, in dem die Circuit-Gays ficken, steht ein Sofa. Gehe dahin. Niemand sonst hier. Lege mich hin, mache ein paar Atemübungen, finde zurück in ein etwas verschwommenes, aber angenehmes Körpergefühl. Schaue nach, ob ich meine silberne Ravetasche noch dabeihabe.

Trinke mehr Wasser. Stehe wieder auf, um nach Z zu sehen, mit der ich die Pilze genommen habe, und zu schauen, wie ihr Trip so läuft.

Drogen sind zwar Teil der Rave-Kultur, aber auch nüchternes Raven ist ein Ding. Am Vormittag mache ich eine Pause, um heimzugehen und ein Nickerchen zu machen. Komme sauber zurück für das Closing. Der Raum, ein Miasma aus Nebel und Schweiß. Kip Davis, der Lichtdesigner, lässt farbige Strobos von der nebligen Luft reflektieren, Lichtbrechungen im Zick-Zack. Eine Hand streckt sich nach mir aus und ich sehe, dass sie zu R gehört, die in ihren sechs Zoll Pleaser High Heels undeutlich aus dem Zwielicht aufragt. Ich hatte eigentlich vorgehabt, mich eher im Hintergrund zu halten, aber es stellt sich heraus, dass ich das brauche: Mich zum vorderen Ende des Raumes durchzuschieben und zu tanzen, alles Bewusstsein für Körper und Hirn zu verlieren und auf einen heftigen Trip in der puren Situation abzugehen.

Es ist verlockend, solche Momente zu romantisieren. Über weite Teile kommt es nicht mehr als einem Abrackern gleich, körnig rieselt der Körper in den Sound und das Licht hinein; Ichs, die sich in den anderen auflösen. Es kann Stunden dauern. Die Raverïnnen, mit denen ich mich umgebe, die, die es brauchen und aushalten können, sind geduldig. Es ist zwar keine Grazie, aber der Grazie nicht unähnlich kommt sie zu dir, wenn sie will, nicht, wenn du es möchtest. Ich weiß nicht, warum ich das brauche, aber ich brauch's. Andere auch, vielleicht ist es für sie das Gleiche, vielleicht nicht.

Transpersonen sind nicht die einzigen, die dissoziieren – doch wir tendieren dazu, es besser als andere zu machen.[10] Wir gehören zu den Leuten, die sich weder in einem Körper noch in der Welt wohlfühlen. Der Körper fühlt sich falsch an. Die Welt behandelt uns, als wären wir falsch. Dissoziation kann lähmend sein. Und manchmal auch wieder nicht. Ich habe in meinen dissoziativen Zuständen oft und viel geschrieben. Dann hatte ich meine Transition und es lief gar nicht mehr mit dem Schreiben. Doch ich musste trotzdem weiter dissoziieren. Ich fühlte mich besser damit, verkörpert zu sein, doch der Welt gefiel das nicht. Also – Raves. Und mit den Raves kam das Schreiben zurück, nach und nach.

Ich möchte wenigstens einige Formen der Dissoziation aus dem Einflussbereich der Psychiaterïnnen zurückholen. Ich möchte Wege finden, aus der Behinderung eine Befähigung zu machen.[11] Einen Weg, um mir über die Welt klarer zu werden. Damit habe ich also zwei dissoziierte Praktiken, die ich leben muss: Raven und Schreiben. Das Raven hat mich wieder zum Schreiben gebracht. Es ist eine Herausforderung, beides zusammenzubringen. Es braucht Geduld, und Übung.

Ich schreibe hauptsächlich Theorie, deshalb ist es verlockend mit der Theorie zu beginnen. Ich kann allem widerstehen, außer der Versuchung – und nichts führt mich so sehr in Versuchung, wie eine Ausnahme. Lasst mich also aus dem autofiktionalen

Groove ausscheren und einen kurzen Abstecher in theoretische Texte machen, um einige Gaben zu würdigen. Als Erstes den Begriff – der zugleich mehr als auch weniger als ein Begriff ist – der *Umgebung, surround*. Das Untendrunter und Drumherum, die aus der geronnenen Luft gehackte Zuflucht, die andere, schlecht ausgeleuchtete und unregulierte Stadt.

Harney und Moten: »Nachdem wir die Politik gesucht haben, um ihr zu entgehen, bewegen wir uns aufeinander zu, damit wir außer uns sein können, denn wir mögen das Nachtleben, das kein gutes Leben ist. [...] Wir fragen und wir sagen und wir verzaubern den Zauber, unter dem wir stehen, der uns sagt, was wir tun sollen und wie wir bewegt werden sollen, und hier tanzen wir den Krieg der Apposition. Wir sind in einer Trance, sie ist unter uns und um uns herum.«[12]

Damals, im Sommer 2020, als ein großer Teil Brooklyns sich weigerte, der polizeilichen Ausgangssperre Folge zu leisten und für Black Life als Black Life auf die Straße ging, beschrieb eine Freundïn das als »Schwarzen Rave«. Der Rave, der Techno, das Nachtleben, die Umgebung: sie alle sind, unter anderem, Gaben der Blackness, des Schwarzseins.

Harney und Moten: »Doch Schwarz-Sein bedeutet immer noch Arbeit: den im Kunstwerk verschlüsselten neuen Weg entdecken – im anachoreographischen Neustart einer Schulter, in den stillen Extremitäten, die eine Reihe von sozialen Chromatiken animieren, und insbesondere in den Mutationen, die eine stumme, mühevolle, gekünstelte Rede antreiben [...]. [...] In diesen Mutationen, die immer auch ein Regendering oder Transgendering sind, [...] liegt das Schwarz-Sein, liegt das schwarze Ding, das die regulierende, regierende Kraft eines/des Verständnisses abschneidet [...].«[13]

Dass der Rave eine von vielen Gaben des Schwarzseins ist, ist das erste (und auch das letzte), was es dazu zu sagen gibt. Eine Gabe, die bereits in Richtung Transsexualität weist, auch wenn sie nicht immer so fühlt (sich so anfühlt).[14]

Der zweite Theorieansatz, bei dem ich Anleihen machen will, bezieht sich auf eine andere Geschichte von Praktiken. Lasst uns den Rave, in Anlehnung an die Texte der Situationist'innen, als *konstruierte Situation* verstehen.[15] In einer Situation nimmt Handlungsmacht, agency, eine konkrete Form an, die ihrem Ausdruck ein Gepräge verleiht. In einer konstruierten Situation kommt eine gewisse Gerichtetheit dazu, mit der die Handlungsmacht ihren Eigensinn und ihre Erfordernisse manifestiert.

Die Rave-Situation ist eine temporäre künstliche Umgebung, die gemeinsam von Veranstalter'innen, DJs, Licht- und Tontechniker'innen, Servicekräften geschaffen wird, und all den anderen, die dafür bezahlt werden, sie möglich zu machen. Sie konstruieren eine Situation, in der sich die Raver'innen einer Kombination aus Einschränkungen und Ermöglichungen gegenüber sehen. Die Raver'innen geben ihre Freiheit dazu: ihre Bewegungen, pure Bedürfnisse, und ihre Künste der Kopräsenz.

Für die Situationist'innen hatte die konstruierte Situation ein revolutionäres Potential, es ging darum, wie die Lebensform nach der Abschaffung der Warenförmigkeit, des Spektakels und der ganzen repressiven Totalität aussehen könnte. Ich erinnere mich, dass einige dieser Intentionen in manchen Rave-Szenen der Achtziger und Neunziger noch immer präsent waren.[16] Heutige

Raves sind wohl kaum als eine Situation zu verstehen, die dem Utopischen vorauseilt. Sie können keine Zukunft verkünden, wenn es womöglich gar keine geben wird. Die konstruierte Situation des Raves könnte für manche von uns alles sein, was wir haben – selbst, wenn die Revolution kommt.

Morgan M. Page: »Ich habe mich niemals der Illusion hingegeben, dass meinesgleichen die Revolution überleben wird.«[17]

Situation und Erzählung, zwei kontrapunktische Elemente des prosaischen Schreibens.[18] Dieser Text besteht weitestgehend aus Situationen, doch wer eine Erzählung haben will, hier ist eine große: die Geschichte und der Kapitalismus haben sich gedatet. Da die Geschichte sich auch noch mit anderen Leuten getroffen hat, hat der Kapitalismus alles dafür gegeben, wie die Beste aller möglichen Welten auszusehen. Dann haben sie geheiratet und der Kapitalismus hat aufgehört, sich so viel Mühe zu geben. Und dann sagte die Geschichte: »Erinnerst du dich an mein Versprechen, bis dass der Tod uns scheidet? Glaubst du, das war ein Scherz von mir, oder eher nicht?«

Ich bin eine von drei Transsexuellen, die sich irgendwo in Brooklyn aus dem Lyft-Taxi schälen. Q steigt zuerst aus. Sie strahlt geradezu instagramtauglich unter den Straßenlaternen und im warmen Schein der Bremslichter. Aber vielleicht bin ich ja auch diejenige, die hier schon gut ausgeleuchtet ist.

Ich galoppiere ihr hinterher und Z bildet das Schlusslicht. Die beiden sind jung und hübsch und sehen heiß aus in ihrem Raveschwarz, während ich mein weißes Viskosekleid von Rick Owens trage, dazu magentafarbene Plateau-Converse und eine kleine silberne Riemchentasche aus Leder von Hayden Harnett. Ich sehe zwar stylisch aus, bin aber trotzdem noch zuversichtlicher, dass wir reinkommen, wenn ich mich zwischen diese beiden wesentlich fabulöseren[19] Trans-Girls klemme.

Q stolziert mit einem feingliedrigen erhobenen Finger geradewegs an der Schlange vorbei und verkündet höflich und mit einem Selbstbewusstsein, von dem ich inzwischen weiß, dass sie es nicht immer so verspürt, dass wir »auf der Liste« stehen. Die Doorbitch nimmt uns kühl, aber respektvoll zur Kenntnis. Hält uns einen kurzen Moment lang auf. Hinter uns bildet sich eine ungeduldige Menschenschlange. »Wie viele seid ihr?«, fragt sie. »Drei.« Sie weist nur uns drei durch die Tür in die klangvolle Umarmung, während sich hinter uns die Schwelle wieder schließt.[20] Es war zwar nirgendwo groß angekündigt und manchmal bestätigt die Ausnahme die Regel, aber auf dieser Party kommen Transfrauen gratis rein. Oder besser: Für *Dolls* ist es gratis.[21] Alle Dolls sind Transfrauen, aber nicht alle Transfrauen sind Dolls. Ich bin keine. Q und Z ebenso wenig, auch wenn sie vielleicht heute Nacht wie Dolls aussehen, wenn man nicht so genau hinschaut. Dolls sind eher betont High Femme, gehen möglicherweise Sexarbeit nach und fühlen sich eher zu Männern hingezogen. Sie haben nichts als die Nacht. Die Dolls sind auch in ihren eigenen Szenen unterwegs. Doch diese Geschichten müssen sie euch selbst erzählen.

Dass Dolls gratis reinkommen, ist eine zwiespältige Politik. Sie soll die Gutaussehenden anziehen. Einige wenige spektakuläre Transpersonen, die sich ihrer Wirkung bewusst sind und die ganze Nacht durchtanzen können, verleihen dem Ganzen einen Glanz, den keine noch so große Anzahl von queeren Cis-Frauen oder schwulen Cis-Männern so aufbringen kann. Auch wenn die Coworker:innen am Ende der Nacht denken werden, dass wir alle einzig und allein zu ihrem Amüsement existieren, und um ihnen das Gefühl zu geben, gerade rübergewechselt zu sein – on the wild side. Duh-di-duh.[22]

Als ich mich später mit DJ Nick Bazzano darüber unterhalte, ist er anderer Meinung. »Du musst dich um deine Freund:innen kümmern«, sagt er. »Der Rave ist wie ein Spiegel, eine spiegelnde Discokugel der Prekarität queerer Existenz. Es geht darum, wer zu improvisieren weiß und wer auf die Improvisation als immanente Form sozialer Praxis vertraut. Das sind diejenigen, die auf der Liste stehen: Leute, die sich keine Tickets leisten können, Leute, für die sich eine solche Erfahrung nicht in Warenförmigkeit erschöpft, Leute, die es überhaupt erst möglich machen. Man könnte es auch *positive Diskriminierung*, *reparative discrimination*, nennen.«[23]

Es war Q, die mich über die Schwelle zurück ins *Ravekontinuum* brachte, wo alle Raves sich begegnen und ineinander überzugehen scheinen. Sie war es, die mich wieder zum Tanzen brachte.

Wir haben uns erst auf TransTwitter kennengelernt, dann IRL, im richtigen Leben, in meinem Stammcafé. Irgendwann während dieses langen Gesprächs erwähnte ich Q gegenüber, wie das Tanzen vor der Transition eines der wenigen Dinge war, in denen sich dieser Körper zu Hause fühlte. Insbesondere wenn die Musik Techno war. Meine Theorie ist, dass das eine Musikform oder eher eine Soundtechnologie ist, die für Aliens geschaffen wurde. Da sie für Aliens geschaffen wurde, ist es ein Sound, in denen irgendwelche anderen Körper genauso willkommen sind wie menschliche. Dieser Körper, in dem ich nicht weniger zu Hause bin als in jedem anderen Körper, gibt mir das Gefühl, dass er zum Techno gehört, wenn ich tanze. »Naja, also dieses Wochenende findet in New York ein queerer Rave von der besseren Sorte statt«, sagt sie zu mir. »Wir sollten zusammen hingehen.«

Meine Anwesenheit auf dem Rave blieb nicht unbemerkt. Zu den Leuten, die mich beobachteten, gehörte auch Nick. Wie sich herausstellte, schreibt er, wenn er nicht gerade Raves in leerstehenden industriellen *Junkspaces* in Brooklyn veranstaltet, an einer Dissertation genau darüber.[24] Nick und ich verabredeten uns auf einen Kaffee bei Tageslicht.

»Du begibst dich in eine Situation, die einem schwulen Reglement folgt«, sagt Nick. »Du kannst fabulös sein, wenn du möchtest, aber darum geht es nicht unbedingt. Dein Style kann praktisch oder taktisch sein. Bring eine unvoreingenommene Haltung mit – und einen Fächer. Es geht vor allem um die, die diesen Ort mitgestalten, also wen du zusammenbringst, so dass sich alles weitere von selbst ergibt.«

Es ist kein queeres Utopia.[25] Selbst in einer guten Nacht gibt es Punisherïnnen und Coworkerïnnen. Gute und schlechte Begegnungen. Einige Momente aus dem Ravekontinuum: Ich bin gerade an der Bar und hole Mate, bevor Juliana Huxtable ihr Set beginnt, als ein Typ vorbeikommt und direkt durch mich hindurch schreit, zu seinem Kumpel neben mir, so als ob ich gar nicht da wäre, und dann streiten sie darüber, welche Drinks bestellt werden sollen. Er ist so nah, dass ich förmlich spüren kann, wie der Schweiß aus ihm herausdünstet. Als ich ihn darauf anspreche, sagt er mir, ich solle mich »locker machen«.

Der Beat geht in einen anderen über, anderswo im Kontinuum. Deren Lächeln ist glückselig. Dey ist gut drauf. Dey ist mit F gekommen, die dann verschwunden ist. Wie das so ihre Art ist. Dey bittet mich immer wieder um Hilfe, sie zu finden, aber instinktiv gebe ich denen nur Wasser und schicke dey in die falsche Richtung. Dey kann F nicht finden, dafür mich, auf der Tanzfläche. Enges Tanzen, Annäherungsalarm. Dey stößt mich ständig an. Dey ist breit, stark und groß im Vergleich zu meiner spindeldürren Schmächtigkeit, und bringt mich zum Straucheln, fängt mich aber wieder auf, alle lächeln. Ich gleite durch den Nebel davon. Später finde ich raus, dass dey F gegenüber sexuell übergriffig gewesen ist, noch bevor sie es überhaupt zu dem Rave geschafft hatten. Sie hat dey trotzdem mit nach Hause genommen und durchgevögelt. Hart.

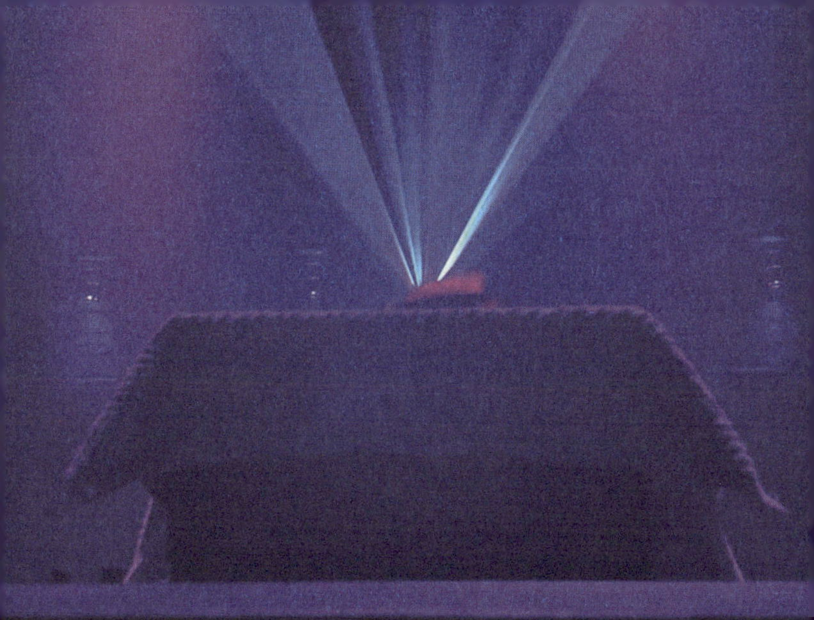

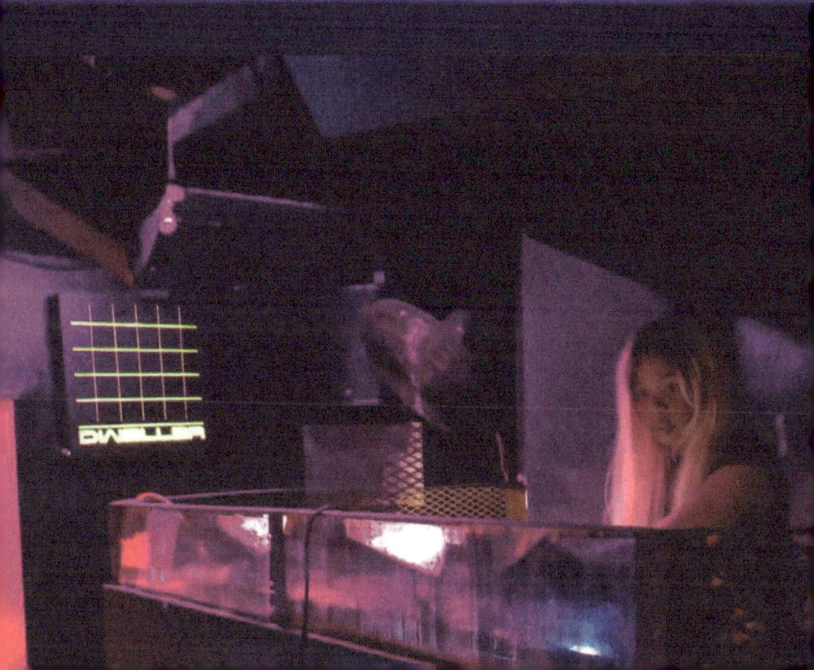

Ich spüre, wie Finger an meinen Nippeln herumspielen. Annäherungsalarmstufe Rot. Stelle dann fest, dass es nur ein Twink ist, der mit geschlossenen Augen Luftsynthesizer zum Mix spielt. Er entschuldigt sich herzallerliebst. Ich lächle zurück und sortiere mich neu. Jetzt spiele ich das tanzende Goldlöckchen mit drei Bears, welche alle einen passenden Netz-Harnisch um den breiten und ausgeformten Torso tragen, mit einem kleinen LED-Schildchen mit der Aufschrift CUNT in Höhe des Solarplexus. Der Moschusgeruch von Männerschweiß ist so seltsam reizvoll, dass ich mein Lesbischsein in Frage stelle. Haben die ihre Poppers mit mir geteilt, oder war das jemand anderes?

Von einer Welt erlöst zu sein, die uns hasst, uns nicht respektiert und uns missversteht ist fast unmöglich, selbst in New York City. Auf einem guten Rave, in einer guten Nacht – dann fühlt sich mein Körper nicht wie eine Anomalie an oder zumindest nicht wie die *einzige* Anomalie. Eine Verteilung von Anomalien ohne Norm, anormal nur in ihrem Verhältnis zueinander.[26] Das ermöglicht ein guter Rave. Auch wenn wir dabei niemals vergessen sollten, dass wir diese Konstellation flüchtiger Möglichkeiten nur übernommen haben – von Schwarzen Menschen.

Da drin ist es besser als in der Welt draußen. Spulen wir noch einmal zu dieser ersten Nacht zurück, der Nacht meiner Wiederkehr in die Rave-Kultur nach zwanzigjähriger Abstinenz, Q und Z und ich stehen am Straßenrand in Brooklyn und warten auf einen Fahrdienst, der uns abholen und zum Rave bringen soll. Z verfolgt auf ihrem Smartphone, wie das Auto sich nähert. Wir sehen, wie es ankommt. Der Fahrer wird langsamer, bemerkt die drei wartenden Transpersonen – und braust davon. Ein-Stern-Bewertung.

Solche Kränkungen sind unangenehm, aber harmlos im Vergleich zu dem, was viele andere Queer- oder Transpersonen, vor allem wenn sie nicht Weiß sind, tagtäglich überall durchmachen. Aber ich möchte nicht über Trans-Schmerz schreiben, sondern über Trans-Glanz.

Es gibt bestimmte Situationen im Nachtleben, die darauf ausgelegt sind, Ausnahmen zu sein. Für manche ist das der einzige Ort, der sich überhaupt einigermaßen sicher anfühlt. Und für andere wiederum können diese vornehmlich weißen Queer-Raves noch nicht einmal das konsequent herstellen. Aber in einer guten Nacht ergibt sich die Möglichkeit, dass einige wenige Menschen, für einige wenige Augenblicke – vielleicht frei sein können.

Während einer Pause mit Freundïnnen im Hof sage ich in aller Unschuld, wahrscheinlich zu A oder O, dass dieser Rave besser ist als viele, auf denen ich in den Neunzigern gewesen bin. Ich hatte damals ganz gute Kontakte in die Berliner Szene. Die Mauer war gerade gefallen. Wie durch geopolitische Zauberei war plötzlich ein ganzer Brocken Stadt in der westlichen Welt aufgeschlagen, deren Bewohnern beim Anblick all der Grundstücke und Immobilien das Wasser im Munde zusammenlief. Doch keiner wusste, wem sie gehörten. Aus der Ritze zwischen Zauberei und Eigentum krochen die Rave-Mäuse, um ihr Spiel zu spielen.[27]

Ich erinnere mich daran, meinem Techno-Rattenfänger auf den Nebenstraßen der dunklen Stadt gefolgt zu sein, zu einer Autobahn und dann auf den Mittelstreifen zwischen den Fahrspuren. Eine Betontreppe in einem Versorgungsschacht runter, zu einer Metalltür. Ein Schlag an die Tür. Sie öffnet sich einen Spalt, nebliges Licht und gedämpfte Beats dringen heraus. Kurzer Austausch von Floskeln und Blicken. Wir sind drin. In etwas, das an die Toiletten einer verlassenen U-Bahn-Station erinnert. Kleine, dunkle Räume, gespickt mit Beats und Körpern. Harte Beats, schnörkellos, Rechteck-Wellenformen. Eine flache, gelbe Pille, drei Flaschen Wasser und einige TARDIS-Zeitzonen später: die Treppe wieder rauf, in die harten Konturen des Sonnenlichts. Herumwandern – glücklich, hungrig und müde.

Ich erinnere mich, zu einem anderen Berliner Spot gebracht worden zu sein. Diese seltsamen Ostberliner Straßenlaternen. Kaputtes Pflaster. Nichtssagendes Gebäude, Ziegel und vergitterte Fenster. Mülltonnen und Graffiti. Eine Schachtel von Raum, mit einer Bar, einigen Hockern. Steile Treppe runter in einen Keller. Geruch von Staub und Rost. Metallaussparungen in den Wänden. Noch eine flache, gelbe Pille. Männer in Springerstiefeln und Camouflage, seltsam entspannt. Später kapiere ich, dass dieser Ort der Tresor war.

Ich erinnere mich, wie ich gemeinsam mit Edward, meinem damaligen Freund – als ich noch versuchte ein schwuler Mann zu sein – in den Neunzigern auf einen Rave in Sydney gegangen bin. Die normalerweise in irgendeinem städtischen Junkspace stattfanden, von dem bis dahin noch keiner rausgefunden hatte, wie man ihn zu Geld machen konnte. Ich gestatte mir, einen Rock und ausgepolsterten BH zu tragen, fluoreszierend gelb. Edward steht nicht besonders auf diese Femme-Allüren, lässt mich aber machen. Wir stellen uns in der Kälte vor einer scheinbar leeren Lagerhalle an. Dann sind wir drin, in einer regelrechten Skulptur aus geschwungenen Sperrholzplatten und herumbaumelnden Mobiles.[28]

UMPF. UMPF. UMPF. UMPF. Unsere Pillen knallen. Ich liege auf dem Holzboden auf dem Rücken, ziehe ihn auf mich herunter und in mich hinein, Schweiß brütet auf unseren Körpern. Lehne meinen Kopf über die Kante, sehe Leute überkopf, die uns zusehen. Schließe meine Augen. Öffne sie zwanzig Jahre später. Übergang ins Jetzt. Im *Ravekontinuum* schlägt die Erinnerungsspur von damals im gleichen Takt wie diese hier. Die Topologie der Körperzeit krümmt sich, um nahtlos einen Beat an den anderen zu tackern und an den nächsten.

Harron Walker: »Die drei Mädels hatten sich aus den Augen verloren, als Cassie und Melanie die Tanzfläche verließen, um zu pinkeln und Natascha allein weiterzog. Sie fand sich im Darkroom wieder, wo all die Circuit-Daddies und Techno-Twinks zum Ficken hingingen. Sie war weder das eine noch das andere, noch war sie es jemals gewesen, aber etwas an der von Sinnlichkeit befreiten Orgie zog sie an. Da war eine Vielfältigkeit, an der es ihr in ihrem nun durch und durch heterosexuellen Sexleben ermangelte, und eine Schlichtheit: Alles, was diese Männer brauchten, waren ihre Arschlöcher, Poppers, Schwänze und Gleitgel und eine Welt voller Möglichkeiten eröffnete sich ihnen. In diesem Augenblick fühlte Natascha eine Hand auf ihrer Brust.«[29]

Und jetzt, in einem anderen Jetzt im Ravekontinuum, befinden wir uns irgendwo in Brooklyn. Techno mit einem Touch von Retro-Acid, doch ich trage Schwarz: paillettenbesetztes Top und Minirock mit denselben magentafarbenen Plateau-Converse. Ich bin mit Q im Barbereich, da Z und E bereits zusammen nach Hause gegangen sind. Wir trinken Mate-Sodas, die orange im

Licht schimmern. Qs Gesicht ist akzentuiert vom Schweiß, der unter einer Leinwand aus Make Up durchperlt.

»Wo hast du die Schuhe her?« fragt sie.

»Die sind Vintage, Liebes, genau wie ich.«

Acht Takte vergehen.

»Tut mir leid, dass ich etwas auf Abstand gegangen bin,« sagt sie. »Ich möchte einfach nicht über Transscheiß reden. Ich werde niemals verleugnen, wer ich bin, wer wir sind, aber ich will mich davon nicht definieren lassen.«

»Ich auch nicht«, antworte ich durch den Lärm. »Ich bin an dem Punkt, wo es einfach Teil meines Lebens ist, aber eben nicht das ganze Leben. Und deshalb muss ich manchmal einfach an Orten sein, wo es nicht zu sehr Thema ist.«

Sie lächelt: »Weiter Tanzen!«

Ich folge Q und schlängele mich durch die Menge. Ich habe noch nicht wieder gelernt, wie man den ausladenden Gliedmaßen geschickt ausweicht. Entschuldigende Gesten. Sie steuert auf die Vorderseite der Bühne zu, ein Platz, an dem ich lange nicht gewesen bin. Für zwei Meter bildet die Crowd ein dichtes Gestrüpp, doch als ich durch die tentakelbesetzte Masse breche, wird es vorne wieder etwas lichter. Ich erspähe sie direkt vor dem DJ. Sie hat K gefunden, die in der aquatischen Dunkelheit wunderschön aussieht, wenn sich auf ihrem schwarzen Lack-Overall die Lichtstrahlen silbrig brechen. Später erfahre ich, dass K dort gerne die ganze Nacht verbringt. Eine Angewohnheit, die ich mir bald zu eigen mache werde. Umarmungen, ein Lächeln austauschen, und zurück zum Tanzen.

»Was würde die Klassenanalyse eines Raves ergeben? Nichts Gutes wahrscheinlich. Vielleicht geht es mehr um die Zukunft einer Klasse als um ihre Herkunft. Was für eine Klasse entsteht da? Sind Raver'innen eine immanente Klasse?« Nick lässt die Fragen im Raum stehen. Tageslicht-Delirium. Es ist verrückt. Wenn wir rausgehen, um es am eigenen Körper herauszufinden, dann in der Nacht. So sehr ich eine gute Begriffsbildung zu schätzen weiß, so sehr ist Theorie (beinahe) das Gegenteil von Raven als Praxis.

DJ Volvox zum Anfassen nah. Links neben der Bühne öffnet sich ein offenes Stück wuchernder Raumzeit. Dränge mich rein, der Bass wummert so stark, dass es wehtut. Ich fische Ohrstöpsel aus meiner silbernen Tasche. Ein delikates Unterfangen. Einmal fallengelassen – und weg. Mit einer kleinen technischen Prothese kann ein Körper in sich und in einer Situation glücklich sein. Ohrstöpsel rein und schon bin ich mit der bassbesaiteten Kette des Schussfadens links von der Bühne verwoben.

Der außerirdische computergenerierte Lärm erzeugt eine permanente 140-bpm-Situation. Die dichte, heiße, feuchte, vom Beat getriebene Luft wird eins mit dem Lärm, geht in ihm auf, gespannt wie ein Meniskus, lässt die Erschütterungen durch die Haut fahren, als ob gar keine Haut da wäre. Alles ist Bewegung, Gliedmaßen und Köpfe und Technik und Licht und Luft pendeln auf und ab in einer analogen Welle, die aus dem schimmernden Schwarm digitaler Partikel strömt. Frei werden.

Porpentine Heartscape: »Undergroundparty für Magical Girls. Das Strobo ist auch ein Magical Girl, spammt hyperschnelle Transformationen, schäumt aus dem Mund auf einer Superdosis

Girlchunks, verschnitten mit biomechanischen Piss-Kristallen. Isidol hat keine Ahnung, wieviel Zeit vergangen ist, oder ob sie eigentlich schon auf der Toilette war, sie war diese Nacht schon so oft unterwegs, in abgehackten Zeitsprüngen durch die Menge, rein in diesen steril-verdreckten Raum, mit dem nervösen Wissen im Hinterkopf, dass die Uhr der Euphorie tickt, was beängstigend ist, da das Leben keine Bedeutung für sie hat, und nur die Xeno-Euphorie, die sie in sich hineinpierct, fühlt sich an, als würde es sich lohnen, dafür zu existieren, diese fremdartige Heimsuchung, die kommt und geht, und auf natürliche Weise vom Körper produziert wird.«[30]

Der Zustand der *Xeno-Euphorie*: die Zeit verläuft streng horizontal. Weder ansteigend noch abfallend, nur noch seitliches Anschwellen und Ausdünnen. Der Körper passt sich in die Zeit ein, strandet an und durch sich selbst, durch den Verlust seiner Daseinsform in der Zeit. Ich muss dafür geduldig, offen und anwesend sein. Das Denken abblättern und vom Ich abfallen lassen. Dann kommt die schöne Fremdartigkeit, hinein in diesen Körper, aus den Drogen, die er zu sich genommen hat, und den Beats, die ihn ausdauern lassen.

Das genau ist das Bedürfnis: für einige oder einige tausend Beats nicht ich zu sein. Nicht hier. Nirgendwo. Dort, wo normalerweise ich bin, mit all meinen Ängsten und rasend-rasenden Gedanken, die noch das Hinterfragte hinterfragen, ist jetzt bloß fröhliches Fleisch, pulsierend und schwingend, nur noch in der Schwerkraft verankert. Ein Transkörper, der auf seine eigene Entfremdung aus ist und sich in fremdartigen Beats zwischen all dem Xeno-Fleisch verliert. Trans – die Überschreitung – hin zu –

der Gabe der Fremden – xeno. Dieser Körper, der zwar nicht besonders gut tanzen kann, dem es aber trotzdem gefällt, sich in der Bewegung zu verlieren. So in etwa stelle ich mir das vor. Ich gehe schließlich nicht hin, um es zu beobachten. Es ist das, was ich fühle, oder besser gesagt gefühlt habe. Wenn es vorbei ist.

Dann wird daraus etwas anderes. Ohne, dass ich es realisiere, zersplittert der Gedanke, bricht zur Seite aus, nach Norden, Süden, Osten und Westen, Free-Jazz-Solos, die einander umströmen. Körper und Geist, beide zuhause, beide glücklich, beide ineinander verliebt, beide offen für andere, offen für eine polyamore Verbindung mit der Zeit. Willkommen im *Ravespace.*

Jessica Dunn Rovinelli: »Ravespace ist Dissoziation, pures Es und pures Über-Ich, sonst nichts. Er kann einen Ort herstellen, in dem man zugleich inner- und außerhalb des Körpers existiert, in einem Zustand der Freiheit, der eine unendliche Ausdehnung zur Voraussetzung hat. Daher auch die Möglichkeit, körperlich oder geistig abhängig zu werden, der Queere-/Trans-Sinn fürs persönliche Wohlbefinden und die endlose Verbreitung neuer Formen der Bewegung neben der endlosen Verbreitung der Starre.«[31]

Rauschen der Gedanken – schwirrend und pfeifend fliegen sie vorbei, während der Körper in den blubbernden Acid-Klangschleim platscht, den Volvox an den Decks zum Leben erweckt. Die Art von Acid, über die Nick gesprochen hat: »Der Sound von Acid ist analog. Man spielt an den Knöpfen herum, so wie man an Brustwarzen herumspielt. Der Sound entsteht, indem du mit Maschinen rumfickst. Du benutzt den Sound des Kapitalismus, um die Geschmacksökonomie zu zerstören. Das ist queerer Klangmaterialismus. Eine disruptive, topologische Funktion, die dich genau dann entfaltet, wenn du sonst nirgendwo mehr hinkommst. Acid ist eine Technologie des Nicht-Selbst, eine performative Funktion des Ästhetischen. Acid treibt ein Spiel mit der Erfahrung der Topologie von Totalität, das es dir erlaubt, die Mutabilität der Topologie des Totalen zu erkennen.«

Diese Situation, die zwischen der Dissoziation in eine fleischgewordene euphorische Abwegigkeit und der Ravespace-Polyrhythmik hin und her schwingt, hält so lange an, bis es vorbei ist. Das Selbst taucht dabei immer mal wieder auf und das ist wahrscheinlich auch gut so. Manchmal geht das Ich leibhaftig online, nur um die Uhrzeit abzulesen. Flüssigkeitszufuhr und die müden Krüppelfüße überprüfen. Manchmal geht das Ich wegen eines Annäherungsalarms wieder online. Der Punisher da tanzt zu nah. Repositionierungsprotokoll gestartet. Diesmal ist es die Hitze.

Draußen ist Winter, doch die Körper hier drin verbrennen genug Kohlenhydrate, um damit eine Sauna am Laufen zu halten. Reine, zwecklose Arbeit, die den Überschuss der Welt in einer für alle möglichst wenig schädlichen Weise erzeugt.[32] Fächer ausklappen. Wasser reinkippen. Sich aus dem Pailletten-Oberteil schälen. Das hilft auch. Scheiß drauf, ich ziehe den BH über meinen Kopf, verknote ihn mit dem Oberteil und befestige beides an der silbernen Ravetasche. Tauche zurück in die Bewegung, um das Ich wieder ins Nichts zurückschieben. Um das Alleinsein loszuwerden, den einsamen Cowgirl-Blues loszuwerden.

Dann kommt das Ich zurück in den Schoß der Herde und ich muss lachen, als ich Q erblicke, durch das bebende Muster der Gliedmaßen hindurch, vorne rechts an der Bühne, auch obenohne, die Unterarme hochgereckt, die schlanken Finger in die

Luft geworfen, mitten in ihrer wirbelnden Tanzbewegung. Sie sieht mich und wir winken einander zu. Für zwanzig Takte gehört uns die Welt. Dann mischen sie und ich uns wieder unter die Anderen, aneinandergereiht. Und alles, was wir fühlen, ist die Welt.

Das war vor Corona. Vor COVID hat diese Bitch wieder mit dem Raven angefangen, sich zurück in den Beat geklinkt, ihr Durchhaltevermögen trainiert, sich ihre Rave-Praktiken wieder draufgeschafft und sie veredelt – nur um dann alles wieder runterfahren zu müssen. Das Alptraumjahr.

Bei 140 BPM dauert ein Kalenderjahr 73.584.000 Beats. Doch manche Jahre, genau wie manche Raves, bringen das Zeitgefühl ins Wanken. Das »Lockdown-Jahr« war so eins. War das ein Jahr? Oder zwei? Haben wir immer noch dasselbe Jahr? Jeder weiß eigentlich nur, dass es kein gutes Jahr ist – oder war.[33]

Der erste Pandemie-Lockdown war besonders hart für diejenigen, deren sexuelle, emotionale und sinnliche Bedürfnisse sich auf ein Netz von Partialobjekten verteilen, also diejenigen, die auf Raves oder in Sexclubs gehen. Viele, vor allem Queer- und Transpersonen, wurden durch den Lockdown dazu gezwungen, all ihre Interaktionen auf den Bereich ihrer Mietwohnungen einzuschränken.

Gefangen in dieser Isolation, zog es eine sehr gute Freundïn von mir vor, in der Vergangenheit zu leben. Die Trauerfeier auf einer Dachterrasse; unsere Tränen lassen unsere Gesichter gefrieren.

Das war nicht meine erste Pandemie. Das Ganze ist schonmal passiert. Ein Virus, das uns das Komplettpaket aus Privateigentum, Familie und Einsamkeit aufzwang.[34] Misstrauen, Überwachen des gegenseitigen Nähebedürfnisses. Der Verlust anderer Menschen durch die so verursachten Kollateralschäden. Ich plädiere zwar nicht für Leichtsinnigkeit, aber manchmal bringt eine Pandemie auch noch ganz andere Gefahren mit sich. Manchen Menschen geht es ohne sowas wie einen Kommunismus des Fleisches nicht gut. Oder, wie ich es kurz nenne, *Femmunismus*.

Vor allem, solange es warm war, gab es Outdoor-Raves, die von manchen Raverïnnen als Seuchenfeste verspottet wurden. Einige davon schienen lediglich kommerziellen Zwecken zu dienen. Sie waren indiskret. Lass bloß niemals zu, dass deine Party von Journalistïnnen aufgetan wird, die bereit sind, dich für eine Schlagzeile zu verkaufen.[35] Moralische Empörung folgte auf dem Fuß. Schwer, etwas zu entgegnen, wenn es bei der Veranstaltung in erster Linie um Kohle ging. Ich bin da nicht hingegangen. Ich war bei den Raves der anderen Sorte.

Hannah Bear: »Durch die Bäume, auf denen der Frost Krusten zu bilden beginnt, im gleißenden Mondlicht, spielt eine der Freundïnnen einen erdrückenden Track; ein Sample raunt wieder und wieder ›Ich bin ein wandelnder Albtraum‹. Ich gehe von der Tanzfläche um einen verfallenen Wellblechverschlag herum hinter die DJ. Ich drehe mich in einem Feld, wo jeder Grashalm vor Reif glitzert. Die Musik klingt wie ein Flugzeugtriebwerk, ein Presslufthammer, ein Maschinengewehr. Ich bin ein wandelnder Albtraum. Dieser Wald, zerpflückt von Strobo und einer 200 BPM Kickdrum mit Sidechain und Filter Distorsion Filter Distorsion der New York Bass, der dein Gesicht knackt, und dein Gesicht friert, Frost in den Bäumen, alle ganz in schwarz, Acid MDMA S-Ketamin R-Ketamin Ritalin Psilocybin Red Bull Schwarztee Speed Gras Gummies Reishi-Tinktur ich bin ein wandelnder Albtraum.«[36]

Die kostenlosen Raves waren nicht weniger umstritten. Lange Diskussionen auf Telegram, Signal und Discord. Selbst in der Kälte des ersten COVID-Winters wurde heiß diskutiert. Manchmal sind die schlimmsten Punisherïnnen nicht diejenigen, die über die Stränge schlagen, sondern die, die überstreng anklagen.[37] Sie werden zu Bullen, die sich darüber aufregen, was die anderen alles tun. Doch jenseits des parasozialen Moralisierens drehte sich die Auseinandersetzung immer wieder um das Raven als Praxis. Was sind wir einander schuldig? Wie können wir etwas anderes werden als Einzelwesen? Wie schaffen wir einen Raum zwischen der Virusgefahr und der Isolationsgefahr? All das rief nach einem überlegteren Umgang mit der Rave-Praxis.

Wir gehören nicht zu denen, die glauben, dass die einzige Gefahr für unsere Gesundheit das Virus ist. Wir gehören zu denen, die wissen, dass diese Welt ohnehin darauf ausgelegt ist, uns loszuwerden. Dass das Regime aus Arbeit, Konsum, Familie und Polizei, dass unser Verhalten dirigiert, dazu dient, uns fertigzumachen. Mit seiner beiläufigen Gewalt und seiner brutalen Ausbeutung. Mit seinem Sortieren und Ordnen von Körpern, bei dem viele unserer Freundïnnen aussortiert werden. Wir versuchen unsere Aufmerksamkeit auf ebendiese Körper, die noch gefährdeter sind als unsere, zu richten, statt uns von ihnen abzuwenden. Im Lockdown versuchen wir erst recht, ein Geschenk für andere zu sein. Auch wenn das manchmal nicht mehr bedeutet, als maskierten Fremden mit behandschuhter Hand einen Beutel mit Essen zu schenken.

Janus Rose: »Ohne den Elektroroller wäre all das nicht möglich gewesen. Als ich nicht mehr zur Arbeit fahren musste, habe ich ihn benutzt, um im Rahmen der Nachbarschaftshilfe in meinem Viertel Lebensmittel auszuliefern. Einmal kam ich bei einer Frau mit Einkaufstüten voller Essen an, die mir dann erzählte, wie erstaunt sie war, dass ich tatsächlich vorbeigekommen war, nachdem wir nur eine Stunde zuvor miteinander telefoniert hatten.«[38]

Wie aber soll man dann die anderen Bedürfnisse des Körpers befriedigen? Das Bedürfnis, sein Selbst zu vergessen und zu einem gemeinsamen Leib zu verschmelzen. Straßenraves, ohne Absicherung, Spenden an die DJs per QR-Code. Seid verdammt, ihr Punisher'innen. Eine Direktnachricht von Q gibt die Location für einen Outdoor-Rave Schrägstrich Demo in Red Hook durch. Wir sind schon unterwegs: T fährt uns. Das Ganze ist passiert, noch bevor sie und ich Schluss gemacht haben, bevor ich aus ihrer Welt fortziehe, in diese. Als wir uns der Location nähern, hat sich die Adresse schon wieder geändert, sie führt nun zu einer Sackgasse, die ins Wasser hineinragt und den Blick auf die Freiheitsstatue frei gibt, die weit weg weiß leuchtet und kaum erkennbar ist.

Später, nachdem meine Follow-Anfrage auf Insta akzeptiert worden ist, schaue ich mir den Flyer für die Party an: »Solidarität mit der *Community*. Rave als Protest. Techno ist Schwarze Musik. Zusammenschluss ist lebenswichtig. *Black lives more than matter*. Musik als Stimme nutzen. Das Chaos kann in einen neuen Morgen münden. Bitte nutzt dies als Gelegenheit, Vermögen an diejenigen umzuverteilen, die bedürftig sind. Es gelten Maskenpflicht und Abstandsregeln.«

Das sind schöne Worte. Wir alle wissen, dass das nicht ausreicht. Immerhin besser als die hässlichen Worte, die uns überall umgeben. Wir werden uns immer für das einsetzen was jetzt gerade – defensiv – ein Antifaschismus ohne Gewähr ist.[39]

Wir sind früh dran. Die Leute kommen gerade erst von der anderen Adresse rüber. Ein kleiner vergitterter Abfluss im rissigen Straßenbelag erregt meine Aufmerksamkeit. Ich lege mich auf den Boden, um ihn mir genauer anzuschauen. Aus dem Loch wabert das Rauschen des Meeres, ein- und auslaufende Wellen. Ozeanischer Rave unter dem Pflaster.

A baut das Soundsystem auf, N, Y und Q helfen dabei. Einige befüllen eine leere Mülltonne mit Mate und selbstgemixten Nutcrackern.[40] Es gibt nicht genug Eis. T meldet uns von sich aus an, welches besorgen zu gehen und weigert sich, dafür Geld anzunehmen. Wir holen zwei Säcke – sechzehn Beutel. Ich fühle mich nützlich dabei, einen Sack Eis durch die Menge zu schultern, obwohl ich kaum stark genug bin, ihn zu tragen.

Das Licht verblasst über dem Wasser, als Jasmine Infiniti die Decks übernimmt, mitten auf der Sackgasse. Im Glanz der Stadt steht sie da, von ihrer ganz eigenen Aura umgeben. Ein Körper, ein Selbst, seine Geschichte. Geschichte als Narbe. Der sie ihre eigene Lesart abgewinnt. Alles, was sie jetzt noch tun muss, ist, der künstlichen Stummheit der Maschine ein Ende zu bereiten, sie Geschnatter und Gezwitscher speien zu lassen, sie laut und hart und immer wieder kommen zu lassen. Was uns nicht umbringt, bringt uns irgendwann trotzdem um, aber bis dahin könnten wir es dazu bringen, uns eine Weile tanzen zu lassen – zu unserem Vergnügen und um unserer Bedürfnisse willen.

Jasmine Infiniti: »Was ich persönlich durchgemacht habe und viele andere Schwarze Transfrauen auch, fühlt sich fast so an, als würden wir schon in der Hölle leben. So dass ich, wenn ich eh schon in der Hölle bin, das auch gleich abfeiern und es mir da so gut wie möglich gehen lassen kann. Du musst den Höllenvibe mit offenen Armen empfangen. Und das muss spürbar sein, gemischt mit ein wenig Traurigkeit, ein wenig Verbitterung, ein wenig Wut, aber genauso Glück und Freude.«[41]

T tanzt zum ersten Mal auf einem Rave mit mir zu diesem fröhlich-düsteren Techno. Es ist, als hätten wir uns eben erst getroffen. Keine Vorgeschichte. Y und Q und N tauchen auf und wir alle pumpen Beats, vorne rechts neben Jasmine an den Decks, wo genug Platz für Abstand und es für T nicht zu laut ist. Ich kann ein paar Rave-Bekanntschaften in der Menge ausmachen: da sind A und ihre Freundin C, und dort V, die immer überall auftaucht. Ich denke an das Syzygium von vor ein paar Tagen, als Jupiter, Saturn und der Mond in einer Reihe am Himmel standen. Meine Sterne stehen günstig. Meine Welten spüren ihre gegenseitige Schwerkraft in der dröhnenden Leere.

Zumindest in dieser seitwärts verlaufenden Zeit. Doch das Ganze wird auseinandergehen. Die Umlaufbahnen schwächen sich ab. T und ich werden uns bald trennen. An Stetigkeit verlieren. Wandelgestirne. Denen die schwarzen Tage, die dunklen Tage gehören. Bis sich neue Konstellationen bilden. Aber das ist nicht passiert, jedenfalls noch nicht. Diese Geschichte muss die Situation erst noch mit dem nagenden Mangel des Narrativs infizieren. In diesem Augenblick mangelt es an nichts.

Online, um offline zu gehen. Straßenraves nachzujagen ist eine Möglichkeit, die Stadt neu zu entdecken, der Textur heruntergekommener Junkspaces nachzuspüren. Und es ist eine Möglichkeit, den Höllenpfuhl der sozialen Netzwerke umzukrempeln. In geschlossenen Gruppen tauchen auf verschiedenen Plattformen Plakate auf. Genau wie früher, nur dass es keinen Kleister mehr braucht.[42] Schreib deiner Crew auf Discord oder Signal, welchem Rave sie durch die abgerissene Kehrseite der Stadt nachjagen sollen. Ich bestücke meine silberne Ravetasche: Wasser, Bandana, Bargeld, Handy, ein paar andere Sachen.

Einmal überquerte unsere kleine Bande, bestehend aus C, Z, E, und mir, die Pulaski-Brücke zu einem Rangierbahnhof auf der zu Queens gehörenden Seite des Newton Creek. Die Crowd dort besaß diese spezielle psychotische Energie. Alles hätte passieren können. Die Leute kamen aus allen Teilen der Stadt, aus allen Szenen. In der Zeit zwischen dem Ende des Lockdowns und der Wiedereröffnung der Veranstaltungsorte wurden die üblichen sozialen Grenzziehungen durcheinandergeworfen. Niemand wusste, welche Party für wen bestimmt ist.

Ich bin bei Z und E, weil G sich mit einem anderen Trupp abgesetzt hat. Später werde ich erfahren, dass sie in Güterwaggons getanzt haben. Wir landen auf den Gleisen in der Nähe des Soundsystems. Es ist schwierig zu tanzen. Der Boden ist uneben. Raverïnnen in der Unterzahl. Punisherïnnen schubsen uns aus dem Weg. Wir sitzen eine Weile auf den Gleisen, um unseren nächsten Zug zu planen. Gerüchte über eine andere Party – unter der anderen Brücke.

Eine sehr junge, sehr zugedröhnte, sehr betrunkene, sehr weiße Cis-Frau stolpert, fällt und landet auf uns. Sie hat ihre Freundïnnen verloren. (Was für »Freundïnnen«?) Sie ist völlig von der Rolle. E versucht sie dazu zu bringen, einen Schluck Wasser zu trinken – der erste und wichtigste Akt der Fürsorge. Sie ist verwirrt und weigert sich. E blick Z und mich an. Das ist nicht gut. Unsere kleine Gruppe besteht aus zwei erkennbar weißen Transfrauen und einer Schwarzen Cis-Frau. Die Menge um uns herum ist weitestgehend hetero, weiß und cis. Es wäre ein Leichtes, anzunehmen, dass wir Drei hier das Problem sind. Noch bevor wir überlegt haben, was zu tun ist, stakst das betrunkene Girl davon. Ich hoffe, sie kommt sicher nach Hause. Wir machen gerade den Abgang, als die Bullen auftauchen.

Und dann ist da noch diese Nacht in The Hole, wie das kleine Straßenstück getauft wurde. Es ist durch Bahngleise in zwei Hälften geteilt, die eine Überführung verbindet. Auf der einen Seite ein edles Restaurant und eine Brauerei, die Bio-Met herstellt. Auf der anderen gibt es nur Lagerhäuser und Lastwagen, das Straßenpflaster ist irreparabel kaputt. Diesmal kein Strand drunter. Es ist Bushwicks Junkspace-Zone – der Ort, den sich die Moderne zum Sterben ausgesucht hätte. Es passt sehr gut, dass dieser Rave von einer Truppe namens Regression geschmissen wurde. Der große Teddy Adorno würde all das hassen.

Ein langsamer Start. Dieser Rave zieht Heteropublikum an und ich bin allein gekommen. Ein Punisher läuft geradewegs in meinen Platz vor dem DJ und bleibt einfach so stehen. Er pumpt kurz mit der Faust und macht eine kleine, ruckartige Bewegung, dann holt er sein Handy raus. Ich denke an Kleists Aufsatz über das Marionettentheater. Hetero-Cis-Männer können nicht tanzen, ohne sich dabei ihrer selbst bewusst zu sein. Können sich nicht vom Beat tragen lassen. Können nicht aus ihrer Maskulinität dissoziieren. Klar gibt es Ausnahmen, aber dann sehe ich diese Raver Jungs beim Tanzen nicht mehr als hetero an.

Überlege, ob ich ihn anbrüllen soll. Oder ihn freundlich bitten, zur Seite zu gehen, was mir bloß die Rolle des nutzlosen Dummchens einbringen würde. Ich beschließe, dass er meiner Gegenwart nicht würdig ist und ziehe um. Sie können die Situation ruhig so behandeln, als ob sie ihnen gehört, aber dann sind wir halt verschwunden. Es steht in unserer Macht, uns zurückzuziehen und sie allein zu lassen, ohne dass sie sich überheblich fühlen. Ich habe dazu eine Weile Kopfkino, aber dann taucht L auf, und Y, und W, und auch B. A und U sind auch da. An irgendeinem undefinierbaren Punkt nimmt es Gestalt an. Nimm einen Zug. Wirf den Motor an. Verschwinde im Ravespace. Selbst Hetero-Männer können an diesen Punkt kommen, aber nur wenn sie sich vom Sound ficken lassen.

Rainald Goetz: »Gerade Rhythmen müssen es gewesen sein, zu denen das passiert war eben. Denn jetzt plötzlich hatte es einen Break gegeben. Und der war in einem unglaublich fetten Elektrobeat explodiert, frenetisch bejubelt von allen, die gerade tanzten. Man wurde jetzt praktisch hochgestoßen und hochgeknallt von den hellen, abgehackten Fest-Frequenz-Ereignissen, die rhythmisch dem off-Schlag-Beat als gerade Elemente entgegenarbeiteten – ein richtiges Glücksgewitter, musikalisch.

Was war das eigentlich für ein Lied? [...]

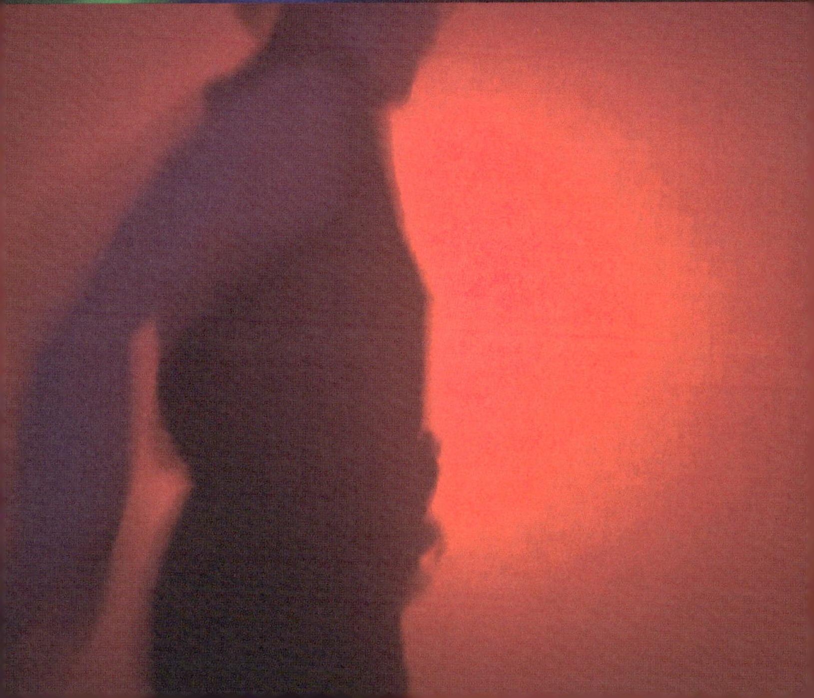

Ich fühlte mich überwältigt von Zustimmungsgedanken und war absolut selig. Auslöschung, danke. Wieder hatte ich, während ich tanzte, die klarsten Gedanken zu einer Theorie der Kritik.«[43]

Auf MDMA zu raven ist bei Straßenpartys ein Problem, weil sie jederzeit aufgelöst werden können und man dann noch für Stunden drauf hängen bleibt. Die Präferenz, bereits am Schwanken, verlagert sich entschieden in Richtung Ketamin. Das ohnehin bei Transraverïnnen schon beliebt ist. Die Dysphorie treibt eine Menge von uns in die Dissoziation und Keta ist ein Dissoziativum. Selbst und Welt verschwinden und damit auch die Spannung zwischen dem Selbst und der Welt, Verschmelzung mit dem schimmernden Klangmix.

Der einzige Reflex der Gehirnbullen zur Dissoziation ist, dass es etwas Schlechtes sein muss, sich aus der Welt auszuklinken. Aber die Welt ist kaputt. Sogar noch kaputter als unsere verwanzte Psyche. Vielleicht kann dissoziieren auch »resoziieren« bedeuten.[44] Warum ist das kein Wort? Dass es keine Worte dafür gibt, wo wir hingehen, ist vielleicht ein Zeichen dafür, dass wir auf uns gestellt sind, aber gemeinsam auf uns gestellt, bei dem Versuch, Wege zu finden, die uns das Ende dieser Welt ertragen lassen.

Das Bedürfnis. Die drei sich gabelnden Pfade, die ich gefunden habe, um mich zu befreien. Ravespace: Körper und Geist befreit voneinander. Xeno-Euphorie: Geist untergetaucht im Fleisch, chemisch entfremdet in die Andersartigkeit. Gelüste: dazu später mehr.

Ich bin was Drogen angeht ein Leichtgewicht und deshalb noch am Leben. Ich habe kein Interesse daran, Werbung für Drogen zu machen; sie sind ein Geschäft wie alles andere. Ich misstraue ihnen als Metaphern, als einer Art aufgewärmter Romantik, die sich danach sehnt, auszusteigen. Vielleicht können sie eine metonymische Funktion haben, als optionale Teile einer Praxis, die eine andere Stadt und einen anderen Körper für ein anderes Leben bildet.[45]

Um Fleisch zu machen, in dieser Stadt, in der Umgebung. In einer Zeit, die seitwärts abläuft. Nennen wir sie *K-Zeit*. Wie die Zeit in einem K-Hole. In die Dauer gefaltet. Diese andere Zeit, K-Zeit, verläuft nur im Ravekontinuum. Diese K-Zeit ist keine messianische Zeit, sie ist eine unmittelbar bevorstehende Zeit. Diese K-Zeit ist keine Zeit zum Verweilen, sie ist nicht das romantische Andere der Maschinenzeit.

Vielmehr ist sie Maschinenzeit, bis zu dem Punkt verstärkt, an dem sie sich von der Dauer abspaltet und den Körper in eine Nebenzeit mitnimmt, die frei ist von Erinnerung und Erwartungen, und ohne Geschichte oder Begehren.[46] Eine dissoziative Zeit, eine transsexuelle Zeit, eine Ketamin-Zeit. Eine Zeit, die getrieben ist und eine Zeit der Triebe, eine Zeit ohne Begierde, die dennoch fickt. Eine Zeit, in der wir gemeinsam die Gegenwart des *Ketamin-Femmunismus* spüren können.

Manchmal, wenn ich rave, geht der Theorie-Sequenzer von allein los. Begriffe tanzen im Sound. Ins räumliche Bewusstsein hinein. Manchmal sogar ins Gedächtnis. Es ist noch klarer als klar. Das lässt mich daran denken, was der späte Mark Fisher als »Acid Communism« bezeichnet hat und warum das für mich als Kritik nicht so wirklich taugt. Die Situationen aus den Praktiken von Raverïnnen, über die ich hier geschrieben habe, weisen auf die Begründung dafür hin.[47]

Wir geben unser Bestes, um Abstand beim Tanzen zu halten, während die Straßenlaternen schweißnasse Leiber glänzen lassen und ihr grelles Licht die Tanzenden enthüllend in Szene setzt. Neben mir ist ein Trupp Tanzender auf Emma, die dabei sind, ineinander zu verschmelzen. Lässt mich an Acid denken.

Acid stand früher manchmal für Emma oder Ecstasy – MDMA. Ich werde langsam zu alt für den Scheiß, liebe aber noch immer die chemisch gestützte Aufhebung. Acid bedeutet normalerweise LSD, was wieder im Umlauf ist. Aber der einsam kontemplative Kopf-Trip deutet nicht gerade auf kollektive Ravepraktiken. Schon gut, geh ruhig auf deinen Tanz-ums-Feuer-Selbstfindungstrip. Das kommt halt mit einem Unterton von romantischer Regression daher, der eher nichts mit dem Schlenker in die Vergangenheit zu tun hat, den die meisten Raverïnnen wollen.

Acid ist auch ein Sound, noch dazu einer, den ich wirklich liebe, z. B. was Volvox damals gespielt hat, das analoge Nippelspiel. Ich bitte Z, die ein technikaffines Girl ist, Acid in einem Satz zusammenzufassen: »Es ist im Grunde ein Resonanzfilter, dessen Cutoff-Frequenz durch eine Hüllkurve moduliert wird, die ihn manisch durch die höheren Frequenzen des Signals fegt«.[48]

Z hat mir dabei geholfen auf ihrem modularen Synthesizer-Array meinen ersten Acid Track zu produzieren. Half mir, den Signalweg auf seinen Umwegen durch das Rack zusammenzustöpseln, einen elektrischen Strom durch diese kleine Lärmstadt zu schicken. Mein Track war zwar furchtbar, weil ich nicht wusste, was ich tat, aber immerhin tanzbar. Ich stand auf und tanzte, spürte ihn in meinem Körper. Habe die Maschine dazu gebracht, mich zum Tanzen zu bringen. Diese Art von Acid will ich in meinem Leben.

Mit dem Wunsch nach dem Kommunismus geht etwas einher, das ein bisschen zu sehr retro ist, so als wenn er nicht wieder und wieder besiegt worden wäre.[49] Es ist der Wunsch, in einer Zukunft einer Vergangenheit zu leben, die die Geschichte abgetrennt hat, so dass nur eine Narbe zurückgeblieben ist. Der Kapitalismus ist zu etwas Schlimmerem mutiert, wie ein Virus. Der Wunsch nach Kommunismus ist ein Wunsch ohne unsere Gegenwart, die unser heutiges Leben einer Zeit opfert, die nie kam und auch nie mehr kommen kann. Eine tote Gottheit, um die ich noch immer trauere.

Was kann zwischen Mensch und Maschine und von Mensch zu Mensch noch geteilt werden? Ich würde das nicht mehr Kommunismus nennen. Ich habe den Glauben daran verloren. Das Wort *Femmunismus* stammt aus einem Meme, was ganz gut passt. Das Meme zeigt eine weiblich gelesene Person, die eine Sichel hochhält, die mit einem *Magic Wand* der Firma Hitachi gekreuzt wird. Das ist die Königin der Vibratoren. Sie bringt dich zum Kommen, wenn alles andere versagt. Rüttelt dich durch, wie das kein Hammer von so einem Presslufttypen[50] hinkriegt. Das ist der Techno unter den Orgasmen. Femmunismus ist Subtraktion. Etwas Geteiltes, das zwar die Maschine miteinschließt, nicht aber die technisch gesehen überflüssige Cis-Hetero-Männlichkeit.[51]

An dieser Stelle sei en passant meine Zuneigung für Mark Fisher erwähnt, und für das, was ich aus seinem Schreiben, und in den wenigen Malen, in denen wir uns begegnet sind, von ihm als Person gelernt habe. Wozu ich allerdings auf Abstand gehen möchte, ist die unhinterfragte Männlichkeit, die sowohl in seiner Ästhetik als auch in seiner Politik zum Ausdruck kommt. Der Möglichkeitsraum, den er hörte und spürte, geht mit dem Loslassen einer Menge Dinge einher, die er noch nicht aufzugeben bereit war.

Vielleicht gehört uns Vampiren und anderen Monstern tatsächlich zur nächtlichen K-Zeit der Raum des radikal Möglichen.[52] Sodass wir dem Proletariat nicht entfremdet sind, sondern stets denjenigen Teil ausmachen, der unterdrückt werden muss, um die Identität der arbeitenden Klasse in ihrer Subsumption unter Familie, Nation und Staat zu zementieren. Völlig abgekoppelt von der Möglichkeit, andersartige Beziehungen zwischen Fleisch und Maschine oder von Fleisch zu Fleisch einzugehen. Die maschinische Marionette ist eine Virtuosin, die uns zum Tanzen bringt und erschöpft zurücklässt.

Wie Q einst zu mir sagte, als wir uns während eines Raves ausruhten: »Es ist eine Avantgarde, die den Leuten tatsächlich gefällt.« Wir gehören zu denjenigen, die im Hier und Jetzt mit neuen maschinischen Arrangements experimentieren. Die nicht darauf warten, dass die Revolution – eine Zeit irgendwo jenseits des Regenbogens, over the rainbow – das für uns erledigt. Unsere Praxis ist im Hier und Jetzt, in einer seitwärts verlaufenden Zeit, in K-Zeit.

Wir sind diejenigen, die eine Kunst des glücklichen Fleisches hatten, statt einer bloßen Theorie. Die wissen, wie sich Situationen konstruieren lassen, um zufällige Begegnungen von Fleisch, Technik, Sound und Chemie zu erleichtern. Wir sind diejenigen, die ihre Körper entsprechend ihrer jeweiligen Bedürfnisse manipulieren, und die das Alibi der Natur als Maske einer rein willkürlichen Norm verweigern. Wir sind die Femmunist'innen. Wir erleben das in Situationen, in denen wir uns zusammenschließen und unser Selbst als Privateigentum loslassen können, wo wir uns von Beats ficken lassen können und wo Männer keine »Männer« sein müssen.

Ja, es gibt Männer im Ketamin Femmunismus – sowohl Trans- als auch Cis-Männer – die sich vom Beat ficken lassen. Er ist nur nichts für diejenigen, die auf einem Rave einfach steif mit ihren Mobiltelefonen herumstehen oder die Technik der DJs kritisieren. Sondern für diejenigen, die aus ihrer abgekapselten Körperhülle dissoziieren und in den Mix driften können. Die es nicht bereuen werden, bis dorthin vorgedrungen zu sein. Ich wünschte, Mark hätte sich uns angeschlossen.

Niemand war sich sicher, von wem das Ganze organisiert wurde, aber U hat es promotet und wir vertrauten ihr, dass es cute werden würde.

Die Location war nur fünfzehn Minuten zu Fuß von meiner Wohnung in Bushwick entfernt. Ich bat J mitzukommen. Ich hatte ihr vor ein paar Tagen per Direktnachricht geschrieben, dass ich sie gut finde und sie sagte, sie mich auch. Jetzt frage ich sie, ob wir uns dort treffen sollen oder bei mir oder bei ihr. Ohne zu wissen, was mir selbst am liebsten gewesen wäre.

Erst letzte Nacht bin ich J auf einem anderen Rave in die Arme gelaufen. Ich war scharf darauf, sie zu treffen. Wir hatten einmal gevögelt und dann geschrieben. Und ich dachte mir schon, dass wir einander gut finden. Irgendwie scheint es sehr viel einfacher zu sein, mit jemandem einmal zu ficken, als herauszufinden, ob es ein zweites Mal geben wird.

Ich will eigentlich immer, dass es ein nächstes Mal gibt. Außer wenn es wirklich grauenhaft war, dann wünsche ich mir, es wäre gar nicht erst passiert. Ich habe ein Problem mit der *Stetigkeit*, *ongoingness*. Mit dem Wunsch, die Geschichte möge eine Fortsetzung finden. J und ich reden miteinander, als wir uns auf dem Rave in die Arme laufen. Wir sitzen auf einem kleinen Hügel im Hof. Ich lehne mich an sie. Um unsere Verbindung zu zeigen, um zu schauen, ob die Intimität noch da ist und weil ich schlecht höre.

Wir vergleichen unsere Ausstattung. In ihrer kleinen schwarzen Tasche sind immer Papiertücher. In meiner silbernen immer ein Fächer. Dann bemerkt uns ein anderes Girl, kommt auf uns zu, mustert mich kühl, schaut J an und schließt die Augen. Kriegt ihre Aufmerksamkeit. Schaut jetzt wieder mich an, als ob sie mir signalisieren wolle: mein Girl, nicht deins. Ich sterbe.

Was rede ich da eigentlich? J ist niemandes Girl. Nur in meiner Traumwelt der Stetigkeit geht ihre Geschichte so weiter, dass ich noch darin vorkomme. In meinem Alter ist es ohnehin absurd sich vorzustellen, dass es in Sachen Stetigkeit überhaupt noch was zu holen gäbe. Insbesondere mit einer, die so jung ist. Die Jüngeren schauen mich immer an, als wäre ich ein außerirdisches Geschöpf.

Was ich schätzungsweise auch bin. Ich habe immer in der Vorstellung gelebt, dass es multiple Zukunftsszenarien gibt, von denen jetzt kaum noch welche übrig sind. Ich kann es ihnen nicht verübeln, jegliche Form von Stetigkeit füreinander aufzusparen. Mich und meinesgleichen als Geschichte zu behandeln. Die Leben, in denen ich leben durfte, sind nicht Teil ihrer Traumlandschaft in Bushwick.

Kay Gabriel: »An einer kurzen Wand oder langen Bank vorbeilaufen, an der viele berühmte Leute mit Universitätsjobs sitzen, die in der Mittelstufe mittagessen, und McKenzie zitiert mich runter ans Ende, *Kay*, sagt sie, *du musst Donna kennenlernen*, Mike sagt, vergiss sie, die gehen auf die Schöne-Fotzen-Schule, und Harron sagt, ich kann genug für die Hochzeit mitbringen.«[53]

Es ist zugleich ein passendes und unpassendes Wort für eine Situation, die drei Transfrauen betrifft, aber ich fühle mich cockblocked. Was ich vielleicht verdient habe. Ich ziehe also von dannen. Weiter tanzen. Irgendwo anders im Hof spielt House. Mein

Körper würde gerade zu allem tanzen. Zu House tanzen ist großartig, wenn es darum geht, in den Körper zu kommen – falls ich das gerade kann. Es ist angenehm, wenn es meinen Körper dazu bringt, sich mit den vergangenen Momenten seines Lebens als schwuler Cis-Mann zu verbinden.[54]

Allerdings fühlte sich mein Körper in dieser Situation eher so an, als wäre er aus fauligem Abfall. Ich blieb nur eine kurze Weile im Hof. Drinnen, auf dem *Main Floor,* war Juana DJ und ließ die Menge gerade Ausflippen, ich hielt es daher für die bessere Idee, jegliches Fünkchen neurotischer Unsicherheit einfach im amniotischen Strom aus mir herauszustampfen.

Theodor Adorno: »Vielmehr ist das zeitgemäße Hören das Regredierter, auf infantiler Stufe Festgehaltener. Die hörenden Subjekte büßen mit der Freiheit der Wahl und der Verantwortung nicht bloß die Fähigkeit zur bewußten Erkenntnis von Musik ein [...]. Sie [...] dissoziieren das Gehörte, entwickeln aber eben an der Dissoziation gewisse Fähigkeiten, die in traditionell-ästhetischen Begriffen weniger zu fassen sind als in solchen von Fußballspielen und Chauffieren. Sie sind nicht kindlich, [...] sie sind kindisch: ihre Primitivität ist nicht die des Unentwickelten, sondern des zwanghaft Zurückgestauten.«[55]

Nach fast vollständiger Abnutzung des Selbst bis auf einen nackten Stummel wird es Zeit nach Hause zu gehen. Auf dem Weg nach draußen nimmt ein anderes Girl meine Hand und hält sie fest, obwohl ich weiterlaufe, so als ob sie mich überzeugen wolle, zu bleiben. Vielleicht sollte ich.

Ich hatte das zweite Ticket für Us Rave bereits anderweitig weggegeben, da ich mir, obwohl ich J bereits gebeten hatte mitzukommen und sie ja gesagt hatte, einredete, dass sie es nicht tun würde. Ich hatte eine Weile gewartet, bis 21 Uhr vielleicht, dann gab ich es weiter. Doch jetzt textet sie mir, dass sie mitkommt, also gehe ich in den Rave-Chat auf Signal, um noch eins zu finden. U schickt einen Link für reduzierte Tickets auf Resident Advisor. Schnell mit ein paar Klicks gesichert.

J kommt gleich vorbei. Panik bei der Auswahl der Garderobe. Es ist kühl. Langsam vergehender Sommer. So viel zum »Hot Girl Summer«-Meme von 2021. Ich war noch nicht mal richtig aufgewärmt. Auf dem Rave könnte es so heiß sein wie in der Sauna, aber draußen ist es kühl und mich fröstelt es. Manchmal reguliert sich meine Körpertemperatur nicht besonders gut. Wenn ich nervös bin, verstärkt mein Körper vielleicht auch nur all die schlechten Nachrichten, die da rumschwirren, um Gründe zum Rückzug zu finden. Das hatte sich seit meiner Transition eigentlich ein wenig gebessert, daher bin ich frustriert, mich wieder auf diese altbekannte Weise grottig zu fühlen.

Ich entscheide mich schließlich für einen kurzen, engen Rock aus schwarzem Stretch und ein enges, langärmeliges, dunkelblaues T-Shirt mit weitem Kragen, sodass die Träger des einfachen schwarzen BHs darunter sichtbar sind. Ausgepolstert: diese Titten brauchen jede Form von Unterstützung, die sie kriegen können. Große Konsultationen zum Schuhwerk. Die magentafarbenen Converse? Rüste mich stattdessen mit meinen schwarzen knielangen Stuart Weitzman Stiefeln. Ich will mich heiß fühlen. Ich will mich so fühlen, als ob mich jemand haben wollen würde.

Als J ankommt, lässt sie ihr triumphierendes Lächeln hervorblitzen. Wir umarmen uns, aber sie wendet dabei den Kopf zur

Seite, sodass ich sie nicht küssen kann. Damals, das eine Mal, war das Küssen so toll. Wir hatten eine Nase Keta gezogen, was wie ein Hochpassfilter auf die Sinne wirkt, und dem Küssen eine fremdartige, schlüpfrige Tönung verleiht.

Wir treffen uns mit Z und E. Ich mache ein Bild von uns Vieren auf der Straße bevor wir losziehen. Ich wollte ein Souvenir. Von dem Moment, von uns allen. Um mich daran zu erinnern, wann es begann oder endete. Die Stetigkeit. Es ist ungewiss.

Die Party ist in der Tat cute, wie man hier sagt. Draußen röhrt ein Generator. Komisch, dass das Gebäude keinen Strom hat. Auf der einen Seite DJ und Lautsprechertürme, auf der anderen eine provisorische Bar, besser gesagt, ein niedriges, an die Rückwand gelehntes Sperrholzregal, und ein Durchgang, vermutlich zu den Toiletten, verhüllt mit einem provisorischen schwarzen Vorhang.

Ich frage J, ob sie einen Drink will. Ein Bier. Und eine Mate für mich. Ich mag Koffein. Normalerweise trinke ich das nach 16 Uhr nicht mehr, aber heute ist eine Rave-Nacht, oder eher ein Rave-Morgen. Wir nehmen unsere Getränke mit auf die Tanzfläche. Die Crowd ist noch überschaubar, wir können uns also aufhalten, wo wir wollen. Ohrstöpsel eingesetzt, und ich steuere auf das vordere Ende der Bühne zu. Wie K bin ich hier am liebsten.

Lautsprecher-Dämonïnnen, wie madison moore sie nennt: diejenigen, die versuchen mit den Lautsprechern zu vögeln, in sie reinzuklettern.[56] Ich bin eine Lautsprecher-Dämonin, aber Lautsprecher sind Switch für mich. Als tendenziell eher Bottom sehe ich es natürlich so. Ich will vom Sound gefickt werden. Nicht so sehr vom hörbaren Sound, sondern eher vom gefühlten.

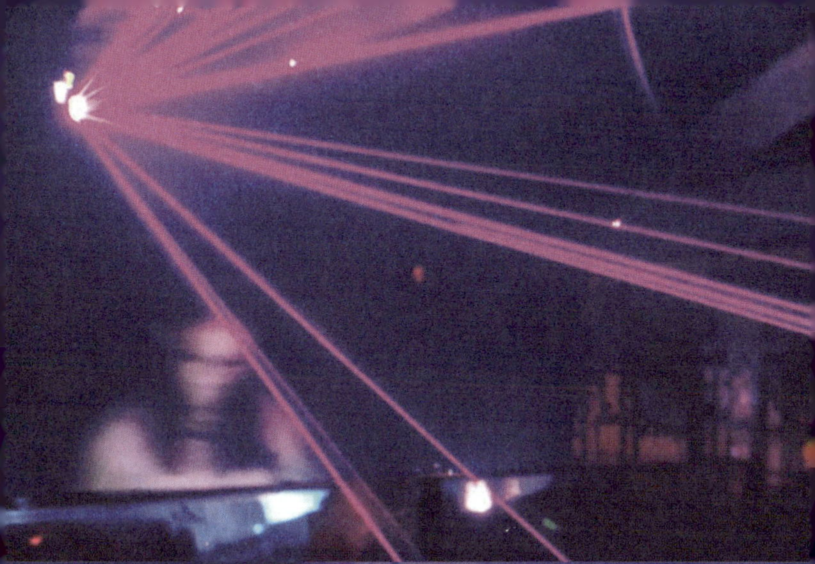

Sandy Stone: »Es gibt nichts Vergleichbares, als sich von einer Gazillion Dezibel durchmassieren zu lassen – einzig dafür sind wir geschaffen.«[57]

Direkt neben dem Lautsprecher kannst du die Luftbewegung auf deiner Haut spüren, wie sie dir zufächert. Das ist ein kleiner Trick der Lautsprecher-Dämonïnnen. Bald wird der Raum sich tierisch aufheizen, doch hier findet sich eine klitzekleine Brise. Ein besonderer Reiz, ein winziger Windhauch auf der feuchten, glitschigen Haut.

Feueralarm – ausgelöst durch die Nebelmaschinen. In einem völlig anderen Tempo als der Mix. Sorge kommt auf, dass die Feuerwehr unterwegs ist, mit den Bullen im Schlepptau. Ich tanze für eine Weile im Tempo des Alarms, bis mir das zu allegorisch vorkommt.

V hat mal gesagt: Was illegale Raves besser macht als die legalen, ist eben, dass sie illegal sind.

Ich kann nicht anders, als mein Handeln selbst in diesem Moment zu theoretisieren. Der Fluch, in seinen eigenen, rasenden Gedanken festzustecken. Hier die Theorie des Moments: Ich will, dass die Situation – die ganze Situation – mich fickt. Ich will vom Licht, vom Nebel, dem Boden, den Wänden und den anonymen, schwankenden Körpern penetriert werden. Ich will vom pulsierenden Sound gevögelt werden. Das ist zumindest eine Art des Ravens für mich. Auch wenn ich immer wieder neue Arten bei mir und den anderen entdecke.

J kommt rüber und schreit mir ins Ohr: »Du magst es ganz vorne zu sein!« Würde ich nicht abstreiten. Sie zerreißt eine ihrer Servietten und formt daraus kleine Papierkugeln, um sie als Ohrstöpsel zu benutzen. »Ich muss dir mal ein paar Ohrstöpsel besorgen«, schreie ich zurück. Notiere es im Kopf. Ich will nicht, dass sie ohne vernünftigen Gehörschutz zu nah an den Boxen steht. Ohrstöpsel, oder wie ich sie nenne, Rave-Kondome. Ich umsorge andere Menschen gern. Vielleicht drücke ich ihnen dabei auch nur meine eigene Vorstellung davon auf, was sie gerade brauchen könnten. Stetigkeit. Ich stelle mir vor, wie es wäre, mit ihr zusammen zu sein und ihr Geschenke zu machen.

Verloren in der K-Zeit, Öffnung hin zum Ravespace. Spüre Js Nähe, tanze aber nicht mit ihr. J tanzt mit geschlossenen Augen in einer oszillierenden Bewegung, lässt dabei den Kopf hängen und lächelt leicht. Entrückte Glückseligkeit. Weitergabe des Vapes qua Berührung. Ich verliere das Gleichgewicht, wenn ich meine Augen zu lange geschlossen halte, außerdem ist es mir lieber, mich von den Szenerie visuell ficken zu lassen.

Normalerweise bin ich nicht daran interessiert, mit nur einer Person zu tanzen. Man sieht auch Paare auf Raves. Die einem ziemlich auf die Nerven gehen können, weil sie in ihrer Selbstvergessenheit nicht mehr mit den anderen Körpern in Beziehung treten. Ich habe nichts gegen sie, aber will ihnen einfach nicht zu nahekommen. Der Idealzustand sind kleine Grüppchen, die sich untereinander und mit der größeren Crowd drumherum vermengen.

cranberry thunderfunk: »Du kannst die Viskosität spüren, wenn du dich auf deinem Weg hindurchwindest. Eine unerfahrene oder betrunkene Menge wird schwergängig sein, sie ist sich deiner Anwesenheit nicht bewusst und schwer zu navigieren. Ein erfahrenes Publikum ist einfach zu durchfließen, selbst wenn es dicht zusammensteht. Den richtigen Platz in der Menge zu finden kann eine Kunstform für sich sein.»[58]

Ich fühle mich von J angezogen, was die Beziehung meines Körpers zum Tanz verlagert, weg vom Selbstverlust und hin zum Im-Fleisch- und Aufs-Fleisch-aus-Sein. Autogynophilie ist ein vergifteter Ausdruck.[59] Als ob es für eine transsexuelle Frau etwas Schlechtes wäre, auf ihren eigenen Körper zu stehen. Die weibliche Verkörperung als intensiven Kern expansiver Lust zu spüren. Während alle anderen sich so fühlen dürfen, war es für Transfrauen lange Zeit tabu und ist noch immer suspekt.

Dampfend und dunstig. Ich muss an Hitze denken, also an tatsächliche Wärme, an die Regulation des Körpers als Wärmemaschine, als Metabolismus. Hitze, die mich in einen metabolischen Zwiespalt treibt. Ich bin eigentlich eher unspontan, also halte ich erst mit verschiedensten Teilen meiner selbst Rücksprache, bevor wir uns darauf einigen, dass die Antwort auf die Hitze lautet, unser Oberteil auszuziehen und den Rock hochzukrempeln. Das Oberteil verschwindet in der Öffnung des Basslautsprechers neben der inzwischen leeren Mate-Flasche. Ich bin nackt, bis auf einen schwarzen BH, einen schwarzen Rockfetzen und Overknee-Stiefel. Und es fühlt sich in jeder Hinsicht heiß an.

Geschichtete Empfindungen, aus Lust und Erschöpfung. Beides sind nur Signalbündel, die in unterschiedliche Richtungen drängen. Die Lust hält meinen Körper beisammen, während er sich aufreibt. Die Erschöpfung ist ein Störsignal dieser Empfindung, welches der eher aufgabenorientierte Teil von mir durch Entscheidungsbäume laufen lässt. Nimm einen Schluck. Geh pinkeln. Mach eine Pause. Küss das Mädchen.

Ich frage J ob sie Wasser möchte. Wir gehen an die Bar. Sie kriegt ein Bier und ich ein Wasser. Es macht mir nichts aus, die Drinks zu bezahlen, aber ich frage mich trotzdem, was es bedeutet. Sie verdient womöglich mehr als ich. Die meisten Transfrauen in New York sind pleite, bis auf ein paar, die es mit ihrem schrägen Intellekt schaffen auf dem Markt für schräge Köpfe, was oft, aber nicht ausschließlich, die Tech-Branche meint, hohe Preise aufzurufen.

Ab durch den Vorhang zu den pink beleuchteten Toiletten. Wir gehen zusammen in die Kabine, um eine Nase zu ziehen. Meine Vorräte an hochwertigem Ketamin gehen langsam zur Neige. Da ich @dancesafe_ auf Instagram folge, hatte ich davon gehört, dass in letzter Zeit Keta öfter mit 2-FDCK gestreckt worden war. Pandemiebedingte Lieferengpässe, sagen manche. Das hier ist ein gutes Tütchen von N, einer zuverlässigen Quelle, also geht es für mich klar, es mit J zu teilen.

Damals, in den 1990ern, haben mir schwule Jungs aus der House-Musik-Szene das erste Mal Keta gegeben. Sie nahmen mich mit in die Kirche – in den »Tunnel«, wo Junior Vasquez auflegte. Ein paar Nasen K hielten uns bei Laune. Ich kam aus einer straighteren Techno-Raveszene, wo das nicht so verbreitet war. Was in beiden Szenen lief war Ecstasy – MDMA – bevor es als Molly neu gelabelt wurde. Ich werde langsam zu alt fürs Runterkommen und den Kater danach.

Ich habe Keta immer von einem Schlüssel genommen. J hat mir dann beigebracht, wie man einen etwa 7 cm langen Abschnitt eines Plastikstrohhalms dafür nimmt. Der Strohhalm, der dann zu einem Teil meiner Ausrüstung wird, war einmal ihrer. Als wir zum ersten Mal miteinander geschlafen haben, waren wir in meiner Wohnung und sie hat ihn dort vergessen. Gegenseitiges Erlernen kleiner Alltagstechniken.

Sie nimmt eine Nase heroischen Ausmaßes. So viel würde mich geradewegs ins K-hole befördern, wohin ich auf keinen Fall in einer Toilettenkabine will. Wir quatschen eine Weile. Aus reiner Neugier frage ich nach ihrem Leben. Teile davon kenne ich schon. Fülle die Lücken. Es ist nicht die Standarderzählung von der Kleinfamilie, aber wer kann schon damit dienen?

Eine Sache sticht heraus, auch wenn ich in dem Moment nicht darauf eingehe. »Tanzen hilft mir, es hilft mit den Verletzungen klarzukommen«, sagt sie. Ich nehme es auf, dieses kleine Geschenk, diesen Weg in ihr Inneres. Ich hebe es auf für später, falls es ein später gibt. Ich mag es zwar, Menschen zu verstehen, nicht aber, übergriffig zu werden.

Ich komme nicht umhin, mich wie eine Lehrerin zu fühlen, was schließlich nicht nur mein Job, sondern auch ein wesentlicher Bestandteil meines Charakters ist. Ich habe mich mal mit einer Doll hingesetzt, während Mithrils Beats wummerten, um ihr zu erklären, wie man ein Buchexposé schreibt. Sie lebte heimlich im hinteren Teil eines Lagerhauses, in dem sie zu dieser Zeit arbeitete und verrichtete dort sogar Sexarbeit. Sie hatte eine großartige Idee für ein Buch. Keine Ahnung, was sie inzwischen macht.

Nicht dass ich jemandem etwas beibringen könnte. Es geht eher darum, die richtigen Fragen zu stellen, die dabei helfen können, die eigenen Gedanken und Gefühle über sich und die Welt zu sortieren. Aber ich bin high, und ich kann und will dieses Selbst nicht hier in der Kabine haben. Ich will lieber wieder mit J vögeln.

Und ich möchte, dass diese beiden grundverschiedenen Ichs – das Knäuel der brodelnden Begierde und das reflexive Echo der Lehre – so weit wie möglich voneinander getrennt sind.

Ich spreche es einfach direkt aus: »Ich will mit dir rummachen.« Mit diesem kleinen Lächeln landet ihr Gesicht auf meinem. Drückt mich gegen die Kabinenwand. Ich liebe es von größeren, stärkeren Körpern an Wände und auf Böden gedrückt zu werden. Früher habe ich das mit Weiblichkeit assoziiert, jetzt ist das nur noch eine lose Koppelung. Die Codierung solcher Situationen hat etwas mit der Vorstellung zu tun, die ein Körper von sich selbst hat, von seiner Fragilität und Zerbrechlichkeit. Seinem Bedürfnis, gedrückt und gehalten zu werden.

Nach ein paar Minuten trennen wir uns. J möchte alleine pinkeln. Sich eine Kabine zu teilen, zeigt eine interessante Grenzlinie auf: mit wem und wann du voreinander pinkeln kannst. Ich gehe zum Spiegel, um mein Gesicht zu richten.

Ich bin ein einziges Durcheinander. Man sieht, wie ausgedünnt mein vom Schweiß verfilztes Haar ist. Kein erbaulicher Anblick. Da sie größer ist als ich, wird sie das wohl kaum übersehen haben. Das Gesicht, das mich im Spiegel mustert, gehört einfach nur zu noch so einer alternden Transfrau, die nicht als cis durchgeht. Ich richte mich so gut es geht wieder her. Ich bin mit der Lücke konfrontiert, die sich zwischen einem stabilen Selbstvertrauen, das mit einem nach außen erweiterbaren Lust-Kern verbunden ist und einem ziemlich wackeligen, von Dysphorie durchsetztem Selbstbild auftut. Mehr K nimmt mir die Angst vor all dem, was ich fühlen könnte. Das K knallt, hell in hell.

151
151
151

Schluss mit dem Grübeln, zurück ins Gewühl! Tanzen und Keta, gibt kein bess’res Gefühl!

Wir sind wieder vorne. Ich sorge mich ein wenig über ihre unbestöpselten Ohren, sollte die Rave-Mutti aber besser abschalten und auf ihre Selbstständigkeit vertrauen. Die Erschöpfung hat einen leichten Endorphinschub losgetreten und das Keta hält die Schmerzen auf Hintergrundniveau. Wir sind über die Opener-DJs raus, das Energielevel steigt. Heute Nacht will ich ein Rave-Blondchen sein. Mir egal, wer spielt oder was läuft. Ich will es nur fühlen.

Ich tanze direkt vor der horizontalen Bassbox, direkt vor den Decks. Die Luft, die aus dem Lautsprecher gedrückt wird, fährt mir unter den Rock. Rolle den Rock hoch. Ziehe wieder das Oberteil aus. Trinke Wasser. Biete J Wasser an. Eine Hülle aus Sound wickelt sich um mich, schüttelt sich durch mich hindurch, tut so, als ob meine Haut nicht da wäre, narrt die Eingeweide, bis sie klingen. Wir tanzen auf einem massiven Holzboden, der auf dem Beton liegt. Der Boden vibriert. Ich fühle, wie das Zittern durch meine Stiefel die Beine nach oben oszilliert.

Die Stiefel fühlen sich ein bisschen unangenehm an, die warme Luft an meinen Waden kann nicht entweichen. Es ist Abwägungssache. Mir ist dadurch anders heiß. Jedenfalls ist mehr von meinem Körper in Schweiß gehüllt als in irgendein Kleidungsstück. Ich drehe mich zu den Tanzenden. Suche keinen Blickkontakt, da die meisten in ihrem eigenen dissoziativen Zustand schweben. Ich schaue stattdessen auf Füße oder den Nebel, oder auf die Lichter über uns, oder lasse den Fokus verschwimmen, sodass nur noch ein flackerndes Muster übrigbleibt. Ich spüre, wie der Sound mich von hinten nimmt. Ich bin sichtbar und will es sein. Die Königin von all dem, was sie gar nicht überblicken will.

Ein Tippen auf die Schulter. Es ist nicht J, sondern jemand, den ich als junge Cis-Frau lese. Sie hat mich erkannt. Bewundert mein Schreiben. Hat es in der Oberstufe gelesen. In der Schule! Ich frage zweimal nach ihrem Namen, verstehe aber immer nur die Hälfte. Wir geben uns die Hand. Mir ist bewusst, was für einen Anblick ich wohl abgeben muss, so halbnackt und verschwitzt, das Haar durcheinander. Immer noch ziemlich drauf. Sie bleibt an meiner Rechten und tanzt. Das geht in Ordnung, nur, dass ich mir jetzt meiner selbst bewusst bin und in meinem Kopf feststecke.

Nehme Kontakt mit J auf. Wir brauchen Wasser. Eine Pause scheint angebracht. Zurück durch die Menge. Das sanfte Durchwandern eines Teilchens durch ein Feld, minimale Störung.

Ich hole uns eine weitere Runde Drinks. Halte Ausschau nach einem Ort zum Ausruhen. Wir könnten nach draußen gehen, aber die Dunkelheit hier drin ist reizvoller. Die Situation ist mit den Möglichkeiten des Augenblicks aufgeladen. Wir lassen uns auf der Holzbank an der Rückwand nieder. Erinnerungen kommen auf, an den Holzboden, auf dem Edward mich vor 20 Jahren auf einem Rave gevögelt hat. Gelüste können topologische Faltungen haben und K-Zeit kann quer durch die gefalteten Oberflächen verlaufen.

Direkt hinter uns steht eine Box, die zu laut ist, um sich zu unterhalten. Ich spüre, wie der Holzboden unter uns vibriert, als ich mich neben sie lege, und mich entlang ihres Körpers am Holz anschmiege. Die Füße ausruhen, den Flüssigkeitshaushalt ausgleichen, meinen schweißglatten Körper an den ihren pressen. Sie weicht nicht aus.

Ich bin unspontan. Es gibt immer ein Zögern. Früher gab es ständig Verzögerungen. Erst seit der Transition kann ich das ausdrücken, was nicht mal mehr ein Begehren ist. Sondern Gelüste. Es geht dabei nicht mehr um einen Mangel am Selbst, die Suche nach einem unmöglichen Objekt. Es ist vielmehr ein Exzess, ein Überquellen des Körpers. Energie, die nach außen drängt. Sicher, ich bin Bottom, dabei aber ziemlich dreist. Vielleicht sogar aggressiv. Dazu später mehr.

Vier Beats, dann der Move. Jetzt sitze ich rittlings auf ihren Hüften, die Hände auf das Holz gestützt, presse meinen Mund auf ihren. Sie erwidert. Die Art, wie sie küsst – so lustvoll, forschend und impulsiv. Mit ein bisschen Beißen. Ich weiß nicht so recht, wie ich zurückbeißen soll, bin unfähig zu denken. Zwei stromführende Kabel, die sich umeinanderspulen, kurzschließen und zu etwas Funkensprühendem miteinander verschaltet werden.

Mir ist vage bewusst, dass wir Zuschauerïnnen anziehen. Ich habe exhibitionistische Tendenzen, also macht mich das nur an. Im Dunkeln bin ich einfach dünnes, weißes Fleisch, die Figur nur vom horizontalen schwarzen Balken meines BHs durchbrochen und von dem hochgerollten schwarzen Rock über meinem schwarzen Slip, der jetzt vermutlich zum Vorschein kommt – und natürlich den Vertikalen der langen schwarzen Stiefel. Ich liebe das Gefühl der Stiefel. Sie bedecken meine Krüppelfüße, sodass ich sie vergesse.

Presse mich an sie, reibe mich an ihr. Sitzt du oben beim Küssen, ist es schwer, die Hände zu benutzen. Sowieso würde ich lieber angefasst werden, als auch nur eine Minute lang anzufassen. Um so wenig wie möglich Teil dessen zu sein, was kein Körper ist.

Manchmal bin ich in meinem Kopf, während ich rummache. Ich plane. Denke darüber nach, die Positionen zu wechseln, denke nochmal. Sechzehn Takte vergehen. Jetzt. Rolle sie nach oben. Fühle mich egoistisch dabei. Mir zu nehmen, was ich will. Nur das Hier und Jetzt zu wollen. Alles zu vergessen, was mit Stetigkeit zu tun hat.

Ihr Gewicht liegt auf mir. Spüre ihren Oberschenkel, seine Festigkeit, seine Länge. Sie ist nicht nur größer, sondern auch um einiges stärker als ich. Spüre ihre Brust. Klein – noch nicht lange auf Östrogen. Manchmal muss man damit vorsichtig sein. Ich drücke ihren Arsch gegen mich.

Harte Beats pulsieren durch ihren Körper und durch das Holz, gegen das ihr Körper mich presst. Das ist Lust, kein Begehren. Es ist situationsbedingt. In dieser Situation, diesem kleinen Ölfilm aus Raum und Zeit, ist es das, was Körper wollen. Zwei Körper, die sich aus sich heraus und ineinander pressen. Ihre Kontaktflächen werden zu einer Angelegenheit für sich. Für eine Weile, bis es vorbei ist.

Für einen Moment – wie viele Takte? – also dieser andere, dissoziierte Zustand von Gelüsten. Die sich entfaltende Blüte der Lust, die aus den Körpern heraustritt und sich auf sie zubewegt. Losgelöst von Vergangenheit oder Zukunft, hinein in die Zeit der Hitze. Völlig anders als bei der Xeno-Euphorie, die auf die kühle Andersartigkeit des Xeno-Fleisches gerichtet ist. Hier geht es um die schleimige Profanität des Säugertierkörpers.

EXIT

Sie will nicht mehr so lange bleiben, noch bis drei und dann nach Hause. Dieses Mal tanzen wir im hinteren Teil des Raumes. Ich vermute, dass sie keine Mittendrin-Raverin ist und etwas Abwechslung tut gut. Wir suchen uns für eine Weile eine gesellige Ecke in der Menge. Ein Schließmuskel in der Zeit öffnet sich und verschlingt uns.

Auf unserem Weg nach draußen grüßt B mich. Wir umarmen uns kurz. Y sitzt am Einlass. Küsschen. Erst gestern hat sie mir gesagt, dass ich nicht so jungen Dingern nachsteigen soll. Es ist mir ein bisschen peinlich. Ich texte ihr: »Denk nicht schlecht von mir lol!« Draußen treffen wir Z und E. Was so passiert ist: Irgendein Mistkerl ist E überall hin gefolgt und hat versucht, ihr trotz hartnäckiger Weigerung einen Drink auszugeben. Schlussendlich hat Z Tacheles mit ihm geredet.

Wir vier setzen uns in Bewegung. Ich realisiere, dass J ein wenig auf Abstand bleibt. Ich habe die Zeichen ignoriert, und nur das wahrgenommen, was mir zupasskam. Das, was mich glauben ließ, dass sich die Situation zum Begehren hin öffnete, in Richtung Stetigkeit. Eine Atmosphäre gegenseitiger Gelüste lag in der Luft. Das eine Fleisch traf auf das andere Fleisch. Doch es fehlte ein Zeichen von ihr, das auf ein viel allgemeineres Begehren meinerseits antwortete, nämlich, dass der Mangel in mir, diese andere Leere, auch nur für einen kurzen Moment auf eine Art, die auf Stetigkeit hindeutete, kompensiert werden könnte. Ich werde wieder einmal allein aufwachen. Wir verabschieden uns an der Straßenecke.

Z und E warten nur ein kleines Stück entfernt. Ich hole sie ein. E will Pommes, aber hier in der Gegend wird so spät nichts mehr offen haben – oder so früh. Ich biete an, was zu kochen. E ist dabei, eines ihrer brillanten Post-Rave-Urteile zu fällen. Ich sage, dass sie einen Blog schreiben sollte, und Z stimmt mir sofort zu. Mir ist dabei klar, dass zwei weiße Transfrauen, die von anderen Weißen früher als Männer angesehen wurden, gerade eine schwarze Cis-Frau dazu ermutigen, einfach etwas zu tun, worin sie gut wäre. Nicht zu viel drüber nachzudenken und ihrem Impuls zu folgen. Wir haben unterschiedliche Hintergründe. Unterschiedliche Erwartungen an Stetigkeit.

Während E für uns etwas zu Essen zubereitet, denke ich die ganze Zeit darüber nach, ob ich allein zu dem Rave zurückgehen sollte – doch ich bin zu müde. Ich spüre die wohlige Erschöpfung, die einer der besten Aspekte am Raven ist. Der Körper, der irgendwann einfach nachgibt. Aber erst, nachdem ich online qualitativ hochwertige Ohrstöpsel als Geschenk bestellt habe. Stetigkeit.

Am nächsten Morgen schreibt mir J: »Es tut mir leid, aber ich will keinen sexuellen Kontakt mehr zwischen uns. Ich würde mich freuen, wenn wir Freundinnen blieben!« Meine Stimmung sinkt auf Null. Ich habe in der Traumwelt eines Begehrens gelebt. Dass jemand einen kleinen Teil des Mangels ausfüllen könnte. Wenigstens ab und an, wenigstens für eine kleine Weile. Man sollte nicht auf Dinge bauen, am wenigsten auf Stetigkeit.

Ich brauche eine Weile, um zu antworten. Ich versuche, cool zu bleiben, aber dann werde ich sauer. Was ich gleich wieder bereue. Dann denke ich daran, was für eine gute Rave-Partie sie ist. Ich bitte sie also darum, wieder tanzen zu gehen, nicht sehr bald, aber irgendwann mal, aber nur um des Tanzens Willen.

Und ich möchte über ihre Verletzungen sprechen. Das tun Freundïnnen doch, oder? Freundïnnen wissen über ihre Verletzungen Bescheid. Freundïnnen überlassen sich gegenseitig ihre Wohnungsschlüssel. Selbst Rave-Freundschaften, die intensiv, aber flüchtig sein können.

Was ist denn wirklich wünschenswert oder notwendig? Ein Rave kann alles andere als ein Ort des Begehrens sein.[60] Einfach ein Raum, der sich manchmal Gelüsten öffnen kann. Lüste aber liegen dicht an Aggression, Gewalt und Haltlosigkeit. Wie dieser Mistkerl, der E verfolgt hat. War ich auch ein Mistkerl? Habe ich das Mädchen zu sehr bedrängt? Nicht doch! Ich habe einen gewagten Move gemacht. Ich dachte, die Zeichen wären eindeutig. Selbst am nüchternen Morgen bin ich noch davon überzeugt, dass sie es waren. Alles, was sie sagte, ist, dass es in dieser Hinsicht keine Stetigkeit geben wird. Die ohnehin nur sehr selten vorkommt.

Ein Rave ist nur ein Schlupfloch in der Zeit, das uns etwas Zeit gewährt. Doch das Schlupfloch schließt sich irgendwann und spuckt uns wieder aus, und dann war es das wohl.

Ich versuche über Praktiken zu schreiben, über Praktiken in einer Situation. Eine Situation ist keine Erzählung. Beim autofiktionalen Schreiben ist es so, dass, wenn es aufrichtig verfährt, die Erzählungen nie im Glückszustand immerwährender Stetigkeit enden. Irgendwas stirbt immer. Und sei es nur das Aufflackern eines nutzlosen Begehrens.

Vielleicht leben wir in einer Zeit, die uns dazu bringt, ein Desinteresse am eigenen Begehren zu entwickeln, weil es stets in einer Zukunft liegt, von der nicht mehr allzu viel übrig ist. Was es hingegen gibt, ist die seitwärts gerichtete Jetzt-Zeit, ein latentes Schicksal. Eine Zeit, die im Rave ihren ästhetischen Ausdruck gefunden hat, ihren metonymischen Part.

Ich sitze allein in meinem Bett und schreibe manisch. Über J, über diesen Rave. Eigentlich gibt es dafür keinen Grund, vielleicht, um über die Traurigkeit hinwegzukommen. Eine Träne fällt auf die Tastatur. Nach der Transition war ich nicht mehr in der Lage zu schreiben, daher fühlt es sich gut an, sich schlecht zu fühlen, während ich schreibe.

Das Handy surrt. Eine Textnachricht, von Margret. Sie fragt, ob ich für die von ihr herausgegebene Buchreihe »Praktiken« etwas schreiben würde. Einem manischen Impuls folgend sage ich ja, doch nur wenn es um eines gehen kann: *Raven.* Wie aber schreibt man ein Buch über Praktiken des Ravens, das selbst das Raven praktiziert? Normalerweise schreibt man ja für die Zukunft, die Stetigkeit. Ein Rave dauert jedoch genau so lange, bis er vorbei ist. Manchmal, bis die Polizei kommt.

Ich habe den ganzen Morgen mit meiner Freundin Eva Hayward getextet. Ich weiß nicht, welche dieser Zeilen von ihr oder von mir sind. Eine gelingende Unterhaltung ist in diesem Sinn auch ein Rave, ein nahtlos ineinander übergehender Tanz. Die Unterhaltung läuft und dann hört sie irgendwann auf.

Das Problematische am Menschschein ist heutzutage, dass sich aus unserer Subjektivität nie ein sinnvolles Ganzes ergibt. Das Subjekt ist immer gespalten, immer geteilt, verspürt einen Mangel. Man kann Jahre in Therapie verbringen, um sich da durchzuarbeiten. Oder zur Raver'in werden. Raus aus dem Kopf und mit der K-Zeit verschmelzen. Ein paarmal scharf nach links abbiegen. Der Trip geht in mindestens drei Richtungen: Ravespace, Xeno-Euphorie und Gelüste.

Vielleicht gibt es auch noch andere Arten der Dissoziation, die man praktizieren könnte. Praktizieren, als Kunst. Vielleicht könnte Dissoziation sowas wie eine eigene ästhetische Kategorie bilden.[61] Kein besonderes Transding, aber etwas, in dem wir als Virtuosïnnen gälten.

Manchmal löst ein Rave das Hirn in Körper auf, ein verflüssigtes Selbst, das am Glutkern der Gelüste verdunstet, bedrängt und befeuert vom Sound, diesem glänzend heißen anderen Körper. Manchmal gibt es den Ravespace, der es mir leicht macht, in einen dissoziierten Zustand zu gelangen. Völlig zu verschwinden. Weder Selbst noch Körper zu sein. Und manchmal übernimmt die Xeno-Euphorie, eine von verknoteten Tentakeln eingefasste chemische Fremdartigkeit.[62] Mit diesen Rave-Praktiken sind wir vertraut, vermutlich gibt es noch mehr. Kein Grund, sie sich herbeizuwünschen. Sie stellen sich von selbst ein, wenn es so weit ist.

Ganz egal, in welchem dieser Zustände du dich befindest, auf einem Rave gibt es nur die Situation. Wie die Zustände beim Schreiben. Wo es nur die Situation der Sprache an sich gibt. Keine Stetigkeit. Wie der Rave ist das Schreiben eine Praxis, in die ich mich hineinbegeben und die Dysphorie, die Traurigkeit, das nutzlose Begehren loslassen kann. Das Werk ist der Wichsfleck seiner Inauguration.[63]

Um was für eine Art zu Schreiben geht es hier? Welche Art von Lektüre hängt davon ab, dass man das Schreiben einem bestimmten Genre zuordnen kann? Bin ich Journalistin, Schriftstellerin, Ethnographin oder Dokumentaristin?[64] Jede dieser Professionen würde eine äußere Praxis ins Spiel bringen und das Raven ihrer jeweiligen Wissensordnung unterwerfen.

Ich will stattdessen ein Schreiben praktizieren, das sich einer Rave-Situation anverwandelt, auch wenn es auf meinen anderen Praktiken aufruht. Eine Disziplin der Disziplinlosigkeit, wie die Anarchistïnnen sagen würden. Eine wissenschaftliche Praxis des Vergnügens und des Schauspiels, die sich auf ein expansives Bedürfnis hin öffnet, sowohl bei einem selbst als auch bei anderen.

Ich setze mich selbst den Erfahrungen aus, die Sinneseindrücke erzeugen, welche sich als Wahrnehmungen beschreiben lassen – aus denen sich schließlich Begriffe herauskristallisieren können.[65] Man könnte sich Begriffe als *resonante Abstraktionen* vorstellen. Wie in einer Art Koordinatensystem ordnen sie die Wahrnehmungen bestimmten Bereichen, Strukturen, Rhythmen, und schließlich einem Namen zu. Eine Benennung, die in der Folge dann eher wie ein Akkord anstelle einer Note in einem Satz verwendet werden kann. Die eine Resonanz mit konkordanten Wahrnehmungen in ihrer Nähe erzeugt.

Meine Schreibpraxis findet nicht nur nach dem Raven statt, sondern zugegebenermaßen auch davor. Raven bedient zwar das Bedürfnis, das Selbst hinter mir zu lassen, doch dieses Selbst bleibt immer noch ein besonderes: eine alte, weiße Coworkerin, die Krüppel, Queer und Trans ist – und Autorin. So viele Eigenheiten. Die Begriffe abstrahieren von diesen Besonderheiten, hin zu anderen Besonderheiten, mit denen ein Begriff entweder resonieren kann oder eben nicht. Resoniert ein Begriff nicht mit deinen Besonderheiten, dann erschaffe einen anderen – in der Praxis.

Für eine solche Art des Schreibens wähle ich Ausdrücke, die in der Regel belächelt und verspottet werden – Autofiktion und Autotheorie, weil sie für das Genre das sind, was wir Transen und Homos für die Geschlechtsidentität bedeuten: nicht allzu ernst genommen zu werden.[66]

Vom autofiktionalen Schreiben über Wahrnehmungen weiter zum autotheoretischen Schreiben der Begriffe. Unter der grundlegenden Bedingung, dass das *auto*, das schreibt, im Geschriebenen nicht ganz aufgeht. Es wird ein Mix aus einem Teil auto und einem Teil allo sein, und dazu, viel spannender, einem Teil xeno – verführerisch fremd: Xeno-Fleisch. Einfach nur fluktuierende Gefühls- und Gedankenbündel. Unter der Bedingung der Rave-Situation, dass das, was das *auto* am meisten braucht, Momente sind, in denen es sich auflösen, nicht mehr da sein kann, reduziert auf ein bewegtes Einzelteil oder eine frei flottierende Vorstellung.

Lasst uns die unsortierten Gedanken- und Gefühlsfilamente, aus denen sich dieses Schreiben, diese Schreiberin zusammenfilzt in ein gemeinsames Feld mit Anderen setzen.[67] Keine Sorge, falls das verwirrend klingt. Ich kann dem selbst kaum folgen:

Raverïn X war eng mit Raverïn Y und Raverïn Z befreundet, aber Z und Y haben sich verkracht. X bleibt weiter mit beiden befreundet. Z ist mit Raverïn C befreundet, die/der wiederum Y hasst, der/die mit X befreundet ist, die/der C gegenüber neutral eingestellt ist. X ist mit A befreundet, die/der mit X, Y und Z befreundet ist, aber C nicht abkann. Y ist mit B befreundet, die/der mit X, Y, und Z befreundet ist, sich aber mit A verkracht hat.

Musste ein kleines Netzdiagramm zeichnen, um das Ganze aufzudröseln. Diagramm: Schreiben mit Linien. Ich habe ein Diagramm von Raverïnnen um mich herum gezeichnet, und sie mir dabei wie herumschwirrende Atome in einer instabilen chemischen Verbindung vorgestellt. Dann habe ich ein weiteres Blatt Papier über die Zeichnung gelegt und die Linien durchgepaust, wie ich das als Kind gemacht habe, dabei einige Linien geändert und so ein leicht abgewandeltes Diagramm erstellt. Dabei ist dann das aktuelle herausgekommen. Diese »Diafiktion« könnte dazu dienen, einen Teil des Gefüges aus Kanten und Knoten in ein Makromolekül von Queer- und Transraverïnnen zu übertragen. Das Diagramm, das einen kleinen Ausschnitt von Verbindungen zwischen Raverïnnen abbildet, lässt sich jetzt in ein größeres Gewebe einfügen.

Das Diagramm überschneidet sich möglicherweise mit anderen. Nehmen wir beispielsweise an, dass C in D verliebt ist, die/der früher mit Y befreundet war, doch X kennt D kaum und weiß nicht das Geringste von deren Präsenz in anderen Diagrammen. E ist Liebhaberïn von Z und im Grunde immer noch irgendwie eigentlich mit allen befreundet. X geht mit F zusammen raven, der/die alle anderen dieser Raverïnnen überhaupt nur durch X kennt. F hat versucht, mit Xs Mitbewohnerïn zu schlafen, bis X F gebeten hat, das sein zu lassen und F zugestimmt hat, das zu respektieren.

Diagramme sind mit anderen Diagrammen verbunden. X und Z hatten beide schonmal M bei sich beherbergt, und X hat dann möglicherweise Ketamin von ihr gekauft, um nicht zu N gehen zu müssen, weil N zu eng mit Y befreundet war, mit der/dem X zwar noch befreundet ist, aber zu ihm einvernehmlich einen gewissen Abstand hält. Außerdem: M steht auf Männer, während die meisten Transfrauen im Hauptdiagramm auf Frauen stehen. Das Dolls-Diagramm und das Lesbische-Transgirls-Diagramm weisen relativ wenige Anknüpfungspunkte auf.

Manchmal reißen die Verbindungen zufällig ab. Manchmal spielen Vorhaltungen eine Rolle, jemand habe sich schlecht verhalten.[68] Es kann dann zu formellen Schlichtungsversuchen solcher Vorwürfe durch Dritte kommen. Aber diese Mediationen sind vertraulich, weshalb ich mich nicht dazu äußern werde. Was privat und was öffentlich ist, bleibt kompliziert. X, Y, D, Q und Y waren allesamt auf jenem Rave anwesend, auf dem Z und E sich ineinander verliebt haben, beide waren total drauf draußen im Hof, während die anderen Wasser tranken und X Mandarinenstücke verteilte.

Viele Raverïnnen, die nicht gut aufeinander zu sprechen sind, bewegen sich dennoch in denselben Signal- oder Discord-Chatgruppen. Die Leute tauchen in den gleichen Clubs, auf den gleichen Partys und auf den gleichen Raves auf. Z ist einmal nicht hingegangen, weil Y dort war, aber X ging hin und sprach sowohl mit Y als auch mit H, die/der sich Z gegenüber nicht ganz korrekt verhalten hatte. Dann freundete sich X mit J an, die mit Y zusammenlebt, obwohl Y bereits zu X gesagt hatte, dass es vermutlich keine gute Idee ist, wenn X und J sich sympathisch finden.

Diagramme lassen sich auf andere Diagramme abbilden. X hat sich durch Z und E mit G angefreundet. Sie hingen mal zusammen ab, obwohl G mit Xs Freundïn Y zerstritten ist. Dann wurde X von G informiert, dass es einen COVID-Kontakt gegeben hatte, wahrscheinlich auf einem Rave, also mussten sich beide testen lassen, sich selbst isolieren und andere in diesem und anderen Diagrammen in Kenntnis setzen.

Dieses Netzdiagramm-Leben ist gar nicht so unüblich für urbane Queer- und Trans-Millenials mit einem gewissen Hang und einer Nähe zum Weißsein. Die Leute, die sich einen gemeinsamen Haushalt teilen, oder jene, die in den Netzwerken diverser teilweise polyamoröser Liebes- und Sexbeziehungen unterwegs sind, verhandeln die Grenze zwischen Öffentlichem und Privatem permanent neu. Viele Raverïnnen, die selbst auflegen oder Clubnächte veranstalten, greifen dabei auf Netzwerke zurück, in denen sie als Knotenpunkte ihrer Veranstaltungen fungieren. Wenn man Gras kaufen will, reicht eine einfache Textnachricht an den Dealer, bei Ketamin und Emma läuft es dann schon eher über Diagramm-Verbindungen.

Das Diagramm manifestiert sich über Situationen, aber auch über spezielle Stile, wie man sich auf Social Media begegnet.[69] Dazu gehören öffentliche oder alternative Twitter-Accounts, Finsta-Zweitaccounts auf Instagram oder zugriffsbeschränkte Freundeslisten, die Nutzerïnnen für Stories über die Funktion »Enge Freundïnnen« anlegen können. Dann gibt es noch Signal-, Telegram- und Discord-Gruppen. Oder Gruppenchats: X, Y, Z, O und

E unterhielten beispielsweise über den ganzen 2020-COVID-Lockdown hinweg einen Gruppenchat.

Zwei Aspekte dieses Umgangsstils in den sozialen Netzwerken und der damit verbundenen Diagramme stellen eine Besonderheit dar. Das betrifft zum einen das Verhältnis von Verbindlichkeit und Mentorschaft bei Transpersonen, insbesondere bei Transfrauen. A zum Beispiel ist unter den Transfrauen im Diagramm diejenige, die am längsten out ist. Q, X, Y, Z und V respektieren A, auch wenn sie nicht ihre Mentorin war. Zum anderen gibt es Raves, auf denen mit hoher Wahrscheinlichkeit alle allen in die Arme laufen, auf der Tanzfläche, in den Toiletten oder im Ruhebereich, so es einen solchen gibt.

Auf dem Rave können Freundïnnen einen besonderen Beziehungsstil pflegen: intensiv, voller Freude, doch nur für den Augenblick. Ein Beziehungsstil, der Intensität ohne Stetigkeit erzeugt. Wenn jemand die Szene verlässt, kann es sein, dass man sich nicht besonders lange an sie/ihn erinnert. Rave-Feindïnnen dagegen erzeugen Brüche, die auf ihr Umfeld übergreifen und es zerstören können.

Die meisten dieser Raverïnnen leben in Brooklyn. Hauptsächlich in Bushwick, manche auch im angrenzenden East Williamsburg, Bed-Stuy oder Ridgewood. Letzteres liegt faktisch gesehen in Queens, fühlt sich aber unter psychogeographischen Aspekten an wie Brooklyn.[70] Meistens finden die Raves denn auch in Brooklyn statt, an irgendwelchen leicht runtergerockten industriellen Junkspaces.

Vor der Pandemie gab es eine großartige kleine Location gegenüber eines Altmetall-Recyclinghofs, weit drin in Ridgewood,

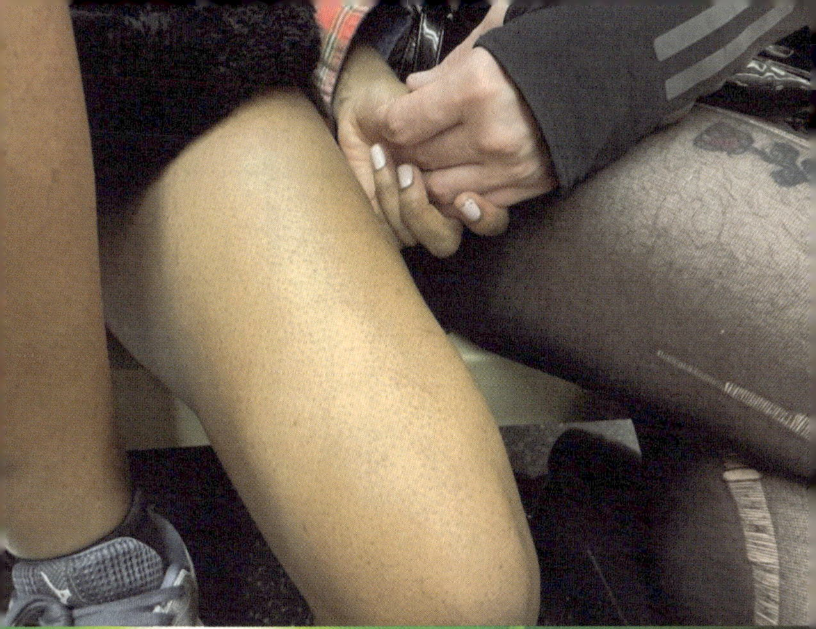

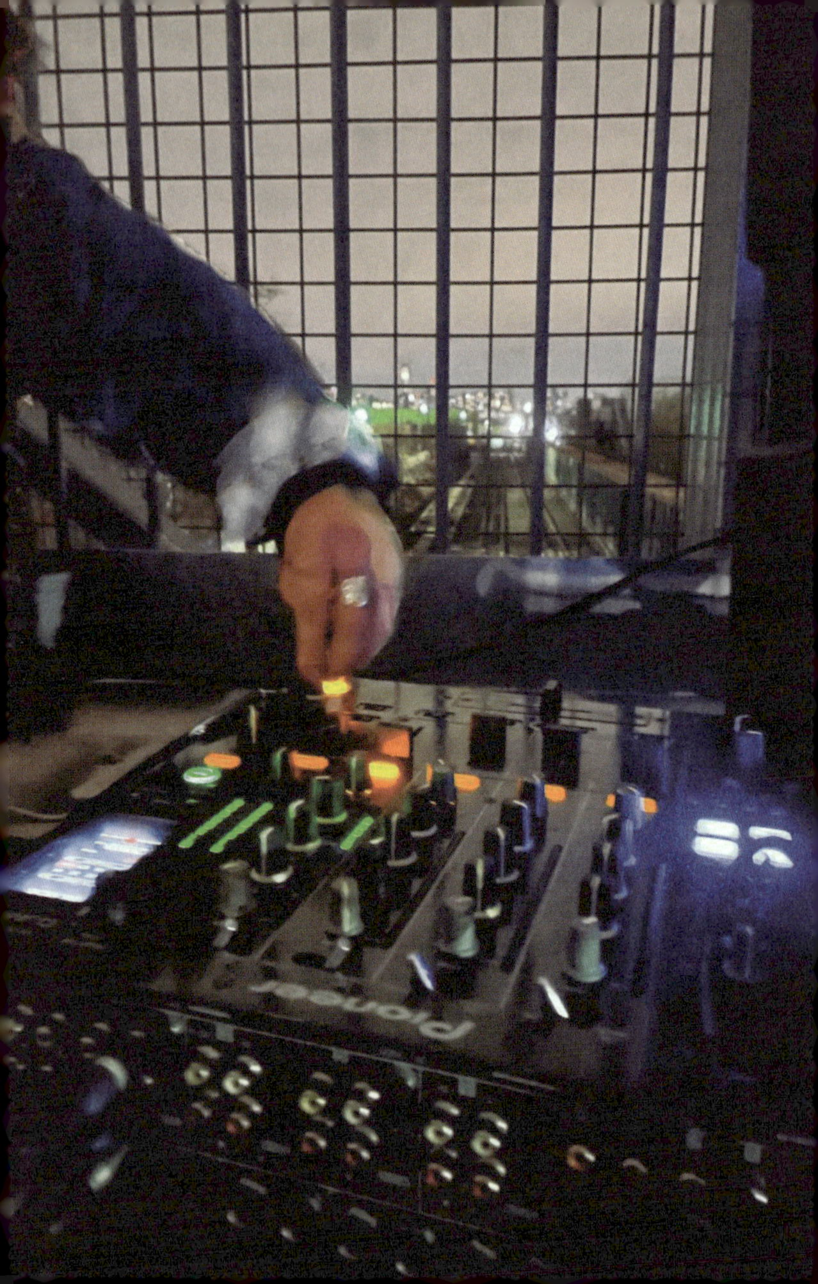

es könnte auch in Maspeth gewesen sein, was sich nun wirklich eher wie Queens anfühlt. Dort war nur für etwa 30 Leute Platz. Schauplatz für zwei großartige Nächte, eine mit einem Live-Set von January Hunt, die andere mit einem Live-Set von DeForrest Brown Jr.

Unterschiedliche Raverïnnen waren entweder auf dem einen oder dem anderen Event oder auf beiden. Und wie immer bilden Rave-Freundschaften einen fragilen Grat über den Abgründen von *race* und Klasse.

January Hunt: »Ich habe jede Menge Ideen für Konzepte und verschiedene Identitäten, so dass es mir schwerfällt, mich nur auf eine davon zu fokussieren. Das hat wahrscheinlich etwas mit dem Gefühl zu tun, sich innerhalb eines Körper bewegen zu können, und dieses Gefühl unendlich ausweiten zu wollen. Ich bin nicht zur Uni gegangen. Es war nicht leicht, mich selbst ernst zu nehmen, ohne den Rückhalt einer Institution, die mir dabei hätte helfen können, meine Identität als eine kreative Person zu festigen. Es hat sich immer so angefühlt, als ginge es in erster Linie ums Überleben, alles andere war bloß Hobby oder Zeitvertreib, und der Versuch, das unter einen Hut zu bekommen, hat sich immer super kompliziert angefühlt. Ich wünschte, ich hätte das schon früher kapiert, als ich jünger war, aber ich bin in einem Haushalt ohne Geld aufgewachsen, wo man mir eingetrichtert hat, dass es vor allem darum geht, Geld zum Überleben zu verdienen.«[71]

January hat in derselben Gruppenausstellung ausgestellt, wie T. Wir lernten uns auf der Eröffnung kennen. Ich besorgte mir ihre Nummer von unserer gemeinsamen Freundin Torrey und wir trafen uns mal auf einen Kaffee. Dann begegnete ich ihr gelegentlich auf Raves wieder. Wir sind durch drei Diagramme miteinander verbunden, zuerst über das Kunst-Diagramm, auf dem T ist, mit dem ich auch bekannt bin. Dann gibt es noch das Diagramm der weißen Transmädchen aus Brooklyn: Dass ich auf dem drauf bin, verdanke ich ein paar Transfrauen, die nach meinem Coming-Out auf Social Media Kontakt zu mir aufnahmen. Und zuletzt ist da noch das Rave-Diagramm.[72]

DeForrest traf ich, nachdem ich einen Rock von einem Label gekauft hatte, das sein Partner gemeinsam mit W leitet, die wiederum auf manchen Raves an der Bar arbeitet. DeForrest hat ein Album mit Bergsonist produziert, das zum Teil auf ihre Lektüre eines meiner Bücher zurückgeht.[73] Und noch mehr Diagramme: Ein großes, das mit Mode und Kunsthandwerk in Brooklyn zu tun hat, und ein kleines, das mit meinen Büchern und ihrer Verbreitung bei Menschen einer bestimmten Klasse zu tun hat. Raverïnnen als immanente Klasse, wie Nick Bazzano es mal genannt hat: diejenigen, die zur Rave-Arbeit zusammenkommen, die nichts als sich selbst produziert.

Zurück ins Ravekontinuum, zu den Veranstaltungen in dem Teil von Ridgewood, der wie Maspeth aussieht. Sowohl January als auch DeForrest spielten »live«. January hatte ein paar modulare Synthesizer-Bausteine mitgebracht und improvisierte in Echtzeit. DeForrest nutzt Computerprogramme, die die Signalverarbeitung modularer Synthesizer nachahmen. In beiden Fällen ist es genau wie beim Jazz und doch ganz anders. Es gleicht dem Jazz insofern, als dass der/die Künstlerïn eine Maschine spielerisch an ihre Grenzen bringt, nur dass es sich hierbei um Maschinen handelt, die elektrische Signale verarbeiten, anstelle von Metallröhren oder Metalldrähten, die die Luft in Schwingung versetzen. Es unterscheidet sich vom Jazz insofern, als dass die Maschine die Erzeugung und Wiederholung bestimmter Sounds im Zeitverlauf theoretisch unendlich lange automatisieren kann – virtuelle K-Zeit. Sie automatisiert die Signalwiederholung, so wie viele Technologien des 21. Jahrhunderts.

DeForrest hatte mitten in seinem eigenen Set eine Pause eingelegt, um rauszugehen. Die Maschinen haben weitergespielt und die Raverïnnen weitergetanzt. Die Stile von beidem, den sozialen Diagrammen und den ästhetischen Praktiken verbinden sich in solchen Situationen mit der neuesten Technik. Was für mich an beidem, den Raverïnnen und den Künstlerïnnen interessant ist, ist die Improvisation von Sound und Leben im Rahmen der Affordanzen dieser Maschinen.

In der Musik, auf dem Rave und im sozialen Leben findet eine Art Spiel in einem und gegen einen Stadtteil-Atelierraum statt, der eigentlich nur deshalb geschaffen wurde, um sich den Stil-Überschuss, den unsere kollektiven Triebe und Bedürfnisse produzieren, aneignen zu können – *Stilaneignung*.[74] Wir spielen, erfinden Bewegungen, die Gesten wiederholen sich, werden zu Stilen – die sich wiederum in der Form geistigen Eigentums aneignen lassen, vereinnahmt von und zum Wohle einer herrschenden Klasse, die die Informationsvektoren besitzt und kontrolliert. In unseren kleinen, sich verändernden Diagrammen tun wir unser Bestes, um der Vereinnahmung zu entgehen, und lassen wir uns doch vereinnahmen – dann nur gegen gutes Geld.

An einem guten Tag, einer guten Nacht oder einem guten Morgen erzeugt das Spiel zwischen uns, das unser eigentliches

Wir bildet, Situationen des Femmunismus und für den Femmunismus, in einer K-Zeit, die aus dem Riss und in den Riss zwischen den Zeiten des Körpers und der Maschinen fließt. Hinreißend, wenn das passiert! Taktiken zur temporären Befreiung von der kommerzialisierten Information, die sich aber in der Wildnis von Bushwick einfangen, zähmen und wieder in die Warenförmigkeit überführen lässt. Zum Beispiel in dieses Buch, LOL. Der/die urbane Stil-Aneignerïn ist zum sozialen Phänotyp geworden.[75] Einem satirisch wertvollen.

Macy Rodman: »Kann das denn wahr sein, dass wir uns noch nicht gesehen haben, seit ich aus Berlin zurück bin? Großer Gott, das war ja sowas von abgefahren. Ganz anders als hier, wirklich. Also, mit 90%iger Sicherheit ziehe ich da auf jeden Fall hin. Du musst dir das wie ein einziges großes Bushwick vorstellen. Weißt du, da war dieser Dealer, mit dem besten, also wirklich, dem besten Zeug, das ich je genommen hab. Ich weiß nicht mal, wie das hieß. Namen für Drogen sind nicht so ihr Ding. Du wirfst einfach was ein, egal mit wem, und du kannst dich drauf verlassen, dass es total geil ist, immer. Irgendein crazy Mix aus Koks und Keta oder weiß ich was. Ich treff also diesen Typen und wir hängen volle drei Tage zusammen ab. 24 Stunden im Bergheim.[76] Irgendwann haben wir uns dann abgelegt, und er meint, ich soll doch bis zum Ende des Monats bleiben, und ich so, ja, ok, und er dann, mach doch das Kunstding, deine Installation, und ich dann, klar doch, sicher! Also, ich zieh meine Installation durch, in 'nem leeren Einkaufszentrum, und – bäng – das Ding landet im *Artforum*, das allererste Ding, das ich durchgezogen hab. Also ehrlich, ich zieh da hin, nen Lehrauftrag oder so was werd ich schon kriegen, und Wohnungen gibts locker für ein paar hundert Dollar im Monat. Ein paar Sachen muss ich hier noch regeln, aber mal im Ernst, warum nicht? Meiner Mutter muss ich's noch beibringen, wird schon kein Problem sein.«[77]

In einem New York, das darauf gebaut ist, sich überschüssige Informationen aller Art anzueignen, bezeichnet »Bushwick« als Submilieu von »Brooklyn« eine psychogeographische Zone, in der die Agentïnnen der Aneignung und Vereinnahmung ästhetische Stilformen aus dem freien Spiel herauslösen und in geistiges Eigentum umwandeln.[78] Der Wert der Immobilien in dieser Gegend bemisst sich an den immer neuen Variationen improvisierter Informationen und Verbindungen, die sich zwischen den Gebäuden ausbreiten, und für die die Raveszene nur ein Beispiel ist. Was auch immer die tatsächlichen Jobs der Raverïnnen sein mögen – sofern sie überhaupt einen haben – wir arbeiten stets daran, aus dem Inneren der Maschine neue Lebensstile zu produzieren.

Die gemeinschaftliche Improvisation unseres Lebens ist eine Kunst, die entweder Hingabe oder eine Ausbildung zur Voraussetzung hat. Von denen auf dem Raverïnnen-Diagramm und auf den angrenzenden Diagrammen, die ich kenne, sind nur zwei nicht aufs College gegangen. Beide wurden zu den wunderschönen Raverïnnen, die sie heute sind, indem sie tief ins Raven eingetaucht sind. Diejenigen mit einem Abschluss in der Tasche haben mit höherer Wahrscheinlichkeit reguläre Angestelltenjobs in Designfirmen oder ähnlichen Branchen, die aus der Vermarktung von Stilen ihren Profit ziehen, wie zum Beispiel H und L, oder aber V, die für eine Medienagentur in Brooklyn arbeitet, die dafür bekannt ist, sowas wie einen Brooklyn-Stil kreiert zu haben, den sie jetzt vermarktet.

Andere wiederum arbeiten in der Techbranche, so auch Z und J. Einige unterrichten, meist nebenberuflich, wie etwa F und R. Manche machen Sozialarbeit rund um die sexuelle Gesundheitsversorgung von Queers. Manche sind in der psychiatrischen Versorgung tätig. Manche arbeiten im Nachtleben, so wie A und N. Einige sind Sex-Arbeiterïnnen. Ein paar dealen mit Ketamin. Alle außer mir sind zwischen Mitte Zwanzig, so wie M, und Mitte Vierzig, so wie H.[79] Die meisten von ihnen sind weiß. Manche sind trans. Der Großteil von ihnen wäre damit einverstanden, als queer bezeichnet zu werden.

Brooklyn ist ein teures Pflaster, da dort mit dem Experimentieren und dem Stilisieren viel Geld gemacht wird. Alle wohnen mit ein, zwei oder drei Mitbewohnerïnnen zusammen. Es gibt wenig Rückzugsmöglichkeiten. Als ich beispielsweise mit F in ihrem mietpreisgedeckelten Wohnzimmer abhänge und sie gerade erst kennenlerne, fängt ihre Cis-Mitbewohnerïn an, hinter uns in der Küche rumzuhantieren. Woraufhin F mich schließlich in ihr Zimmer einlud. Die Beschreibung ihrer Privaträume hat hier nichts zu suchen. Immer wenn ich in dieser Nacht unser kleines Refugium verließ, bat mich F, die Tür hinter mir zu schließen, um die Atmosphäre nicht zu zerstören.

Der einzige private Raum, den sie und ich außer ihrem und meinem Zimmer je teilten, war eine Club-Toilette.[80] Sie pinkelte, während ich in meiner silbernen Tasche nach Ketamin und dem Strohhalm fischte. Nach dem Ziehen verließ sie die Kabine, sodass ich die Tür wieder abschließen und allein pinkeln konnte.

H kommt aus Brasilien, S aus Russland, B aus Australien. Außer V sind nur wenige Amerikanerїnnen, die ich kenne, in New York geboren. Ich bin nicht die Einzige, die von sonstwoher nach Brooklyn gekommen ist, weil es so schien, als wäre es ein Ort, an dem man seinen eigenen Lebensstil finden könnte. Ein Ort, an dem man sich anonym durch die Straßen treiben lassen kann. Wo man eine Fremde unter anderen Fremden sein kann.

Zumindest an guten Tagen. Doch wir zahlen dafür die Queer-Taxe, wie H es nennt. Zwar schließen wir uns hier zusammen, um uns lebendig und unter unseresgleichen relativ sicher zu fühlen, doch wir zahlen auch einen hohen Preis dafür. Die Sicherheit ist eben nur eine relative: Während ich diese Zeilen schreibe, kursieren Gerüchte über zwei Messerattacken im Umfeld zweier Clubs, die von Queer- und Transpersonen frequentiert werden. (Später, beim Redigieren, kommt die Nachricht rein, dass ein Brandstifter einen anderen Club abgefackelt hat – zum Glück gab es keine Toten). Für Queer- und Transpersonen ist Brooklyn noch lange keine Heimat, vor allem dann, wenn sie nicht weiß sind. Deshalb gibt es das Nachtleben. Das so etwas wie eine andere Stadt für ein anderes Leben darstellt, und doch immer schon ein Teil dieser Stadt ist, ihres Schattens.

Juliana Huxtable: »FAST ALLE; DIE ICH KENNE, HABE ICH IN DER NACHT KENNENGELERNT. EINE ZEIT/ EIN ORT FÜR ALLE, DIE ALLES IM JETZT WOLLEN: DAS LEBEN MITEINANDER UND DAS ZELEBRIEREN DIESES LEBENS, DAS KEIN MORGEN KENNT. EIN TUMMELPLATZ FÜR KARRIERE-ÄSTHETÏNNEN, FÜR QUEENS (JEGLICHER COULEUR), FÜR DIE EWIG-MECKRIGEN-GRANTELNDEN-SCHREIBERLINGE,

FÜR INTERNET-PROMIS UND FÜR KÜNSTLERÏNNEN, DEREN ARBEITEN FÜR MICH, WENN ÜBERHAUPT, BESTENFALLS DEKO WAREN – ALLE IM HERZEN JUNG, DEN AUFGEHÄUFTEN JAHREN ZUM TROTZ.«[81]

Das Nachtleben erzeugt eine Grenzsituation an der Schwelle zur Tag-Stadt, die eine ambivalente Anonymität mit sich bringt – eine Anonymität, die zugleich unter permanenter, wenn auch eher diskreter Beobachtung steht.[82] Eines Nachts zog ein kleiner Trupp, bestehend aus X, Z, C und M los, weil ihre Freundin K an einem noblen Veranstaltungsort in einer durchgentrifizierten Gegend von Manhattan ein Ambient-Set spielte. Warteschlange vor dem Gebäude, das einem Einkaufzentrum ähnelt. Abschätzige Blicke von den Wallstreet Coworker-Jungs. C war schon ziemlich durch. Kotzte in einen der Blumenkübel. Die anderen taten sich an Haschcookies gütlich. Etwas über das übliche Maß hinaus. So sehr, dass M eine Panikattacke hatte und wieder raus aus der Veranstaltung musste. X und Z texteten M, um zu fragen, ob sie auch nach draußen kommen sollten, um ihr zu helfen, aber M ging es schon besser, indem sie einfach durch die Gegend lief.

Nach dem Set übernahm C die Verantwortung für den Fußmarsch zurück zur U-Bahn und vermasselte es so dermaßen, dass sich die ganze Gang komplett verirrte. X sorgte dafür, dass sie eine Pause für Wasser und Snacks einlegten, während Z die Navigation übernahm. Es war ein lustiger Abend – ein schnatternder, um die Häuser streifender Partytrupp – bis Z sie schließlich zur U-Bahn an der Penn Station geleitete.

Drei Bullen an den Drehkreuzen. Drei Bullen auf der anderen Seite. Drei Bullen am linken Ende. Die kleine Bande aus Queer-

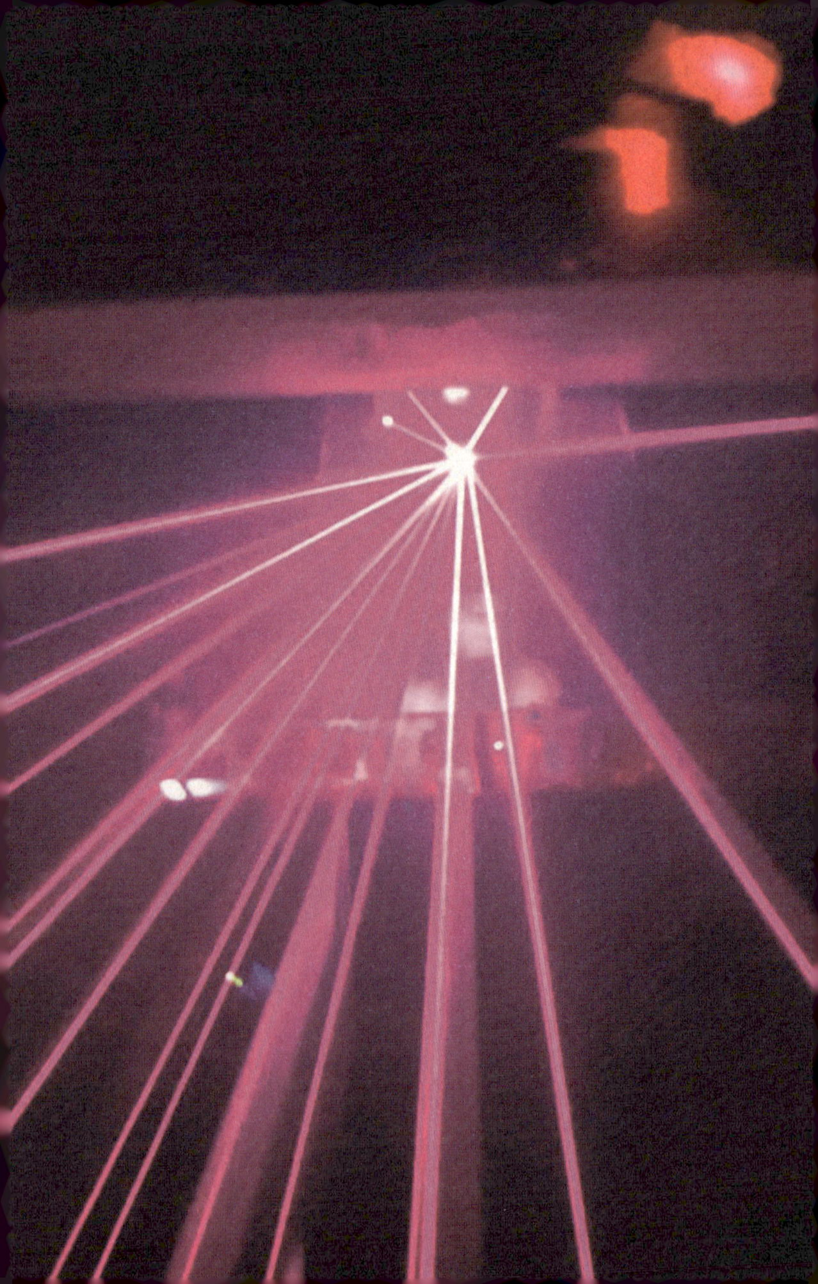

und Transraverïnnen steuerte instinktiv auf das andere Ende des Bahnsteigs zu – wo noch mehr Bullen waren. Die meisten Bullen hingen am Telefon. Ein paar hatten ihren »Wir-sind-harte-Bullen-Blick« aufgesetzt.

Die (größtenteils) weißen Queer- und Transpersonen bevorzugen eher das zwielichtige Nachtleben in Brooklyn. Auch da gibt es Bullen. Auch da gibt es potenziell Gewalt auf der Straße oder sogar auf den Veranstaltungen. Aber es fühlt sich einfach mehr nach Umgebung, nach *surround* an. Doch Sicherheit ist immer relativ. Die Idee der »Safe Spaces« rührt wahrscheinlich von den Ballroom-Häusern her.[83] Es gibt zwar Menschen, die im Nachtleben arbeiten und die wichtige Aufgabe haben, die Clubs und Raves zu Safe Spaces zu machen, doch ein Rave kann niemals zur Utopie werden. Er erzeugt schlicht eine bessere Situation.

Es braucht letztlich Geld, wenn man so nahe am Nachtleben wohnen will, dass man es riskieren kann, morgens zu Fuß nach Hause zu laufen. Und es braucht Vermieterïnnen, die einen akzeptieren. M ist eine junge weiße Transfrau. Sie hat genug Geld, das sie mit Sexarbeit und Ketamindealen verdient. Dazu ist sie ist auch noch eine großartige DJ, aber auch dafür gibt es das Geld nur bar auf die Hand. Wenn Sie eine Atelierwohnung mit einem diskreten Eingang fände, würde ihr Geschäft florieren und sie könnte es locker mit der Börse aufnehmen. M hat sich schon dutzende Wohnungen mit unterschiedlichen Maklerïnnen angesehen. Manche haben ihr nicht mal ein Bewerbungsformular gegeben. Und das alles während des Lockdowns, als die Mieten ausnahmsweise einmal sanken, da die Leerstandsquote anstieg.

Es fällt schwer, sich die kleine, aber nicht zu leugnende Rolle einzugestehen, die die Ravekultur bei der Gentrifizierung spielt. Raverïnnen ziehen häufig in die Nähe von Rave-Veranstaltungsorten und Clubs, die sich oft in ehemaligen Gewerbegebieten befinden. Die Hardcore-Raverïnnen und alle möglichen anderen Leute, die das Nachtleben zelebrieren, ziehen die Coworkerïnnen an, die dann in dieselben Gegenden ziehen, dort die Mieten hochtreiben und so andere Mieterïnnen, für gewöhnlich nicht-weiße Werktätige, vertreiben.

P. E. Moskowitz: »Dann, ohne Vorwarnung, wurden die Bescheide unter der Tür durchgeschoben. Wenig später tauchten zwei Männer im Haus auf. Sie verschafften sich Zugang zu Genettas Wohnung und wollten ihre Schlafzimmer sehen. Sie wusste, dass sie den Wert der Wohnungen taxierten. Viel mehr wusste sie nicht: Die Männer hatten ihr ihre Namen gesagt, ihre Firma hatte keine Webseite. Ein paar Wochen später lagen diverse offiziell aussehende Schreiben von der Firma des Duos in der Post. In einem stand, dass sich die Mieterïnnen erneut um ihre Wohnungen bewerben müssten. In einem anderen, dass jede Wohnung mit 6.500 € im Mietrückstand sei. Sie brachten neue Überwachungskameras im Gebäude an, die nicht auf die Flure gerichtet waren, sondern direkt auf die Eingangstüren der Mietwohnungen. An diesem Punkt der Geschichte würden sich die Mieterïnnen normalerweise, in Unkenntnis ihrer Rechte, nach einer anderen Unterkunft umsehen.«[84]

Wie die meisten Coworkerïnnen aus leidvoller Erfahrung wissen, ist New York eine Stadt, in der die Ausbeutung ins Extrem getrieben wird. Die meisten Jobs dich entfremden dich von allem, was dir lieb und teuer ist, genauso wie von deinem Körper – und das gleiche gilt für die (wenigen) Stunden Freizeit, die dir bleiben. Ständig sollst du twittern, auf Insta posten und hastig durch alle Facetten deines Daseins hetzen.

Wenn dann also gedämpfte Signale aus einer anderen Welt nach draußen dringen, aus einer Welt des Nachtlebens, in der sich coole und heiße Aliens tummeln, hat das einen besonderen Reiz. Das Nachtleben, ob es nun um Rave geht oder nicht, wird von der Stilaneignung allerdings keineswegs verschont. Ein Grund dafür, dass Q einen Job bei einem ziemlich hippen Brooklyner Modelabel bekam, war, dass sie eine bekannte Größe im Nachtleben war. Das vermindert den Reiz des Nachtlebens nicht, erst recht nicht für Coworker*innen, deren CDJ-Turntables in der Zimmerecke einer verranzten Wohngemeinschaft verstauben.

Raves spielen in der Fantasiewelt von Coworker*innen eine besondere Rolle – an dieser Stelle sollte ich erwähnen, dass ich selbst eine Coworker*in bin. Ich habe einen regulären Job und es gibt selten Nächte, in denen ich vom Opening bis zum Closing durchtanzen kann. Raves befreien mich nicht nur von der Genderdysphorie, sondern auch von entfremdeter Arbeit – jedenfalls kommt es mir so vor. Techno hämmert mir die Scheiße aus dem Hirn und räumt mit den quälenden Sorgen über unbeantwortete E-Mails auf. Die psychischen Schäden, die durch bestimmte Formen von kognitiver oder affektiver Arbeit verursacht werden, können auf der Tanzfläche zumindest zeitweise verheilen.

Ich sehe Jack Davis auf der anderen Seite der Tanzfläche und winke diskret. In der Regel versuche ich den Kontakt zu meinen Studierenden zu vermeiden, und die meisten von ihnen kriegen das auch ganz gut hin. Ein Rave hat nichts mit der Uni zu tun, das gilt für beide Seiten. Dann fällt mir ein, dass Jack sein Studium ja gerade abgeschlossen hat. Ein Winken, ein Lächeln, rübergehen, Umarmung, ein gebrülltes Hallo. Wir machen uns auf den Weg zum Chill-Out Bereich im Hof.

Wie sich herausstellt, sind wir uns schon auf einigen gemeinsamen Raves bewusst aus dem Weg gegangen. Jack stellt die These auf, dass Raves, anstatt durch Verschmelzung mit dem Beat die Individualität hinter sich zu lassen, eher für »dividuelle« Teile des Körpers einen Freiraum schaffen.[85] Ich stimme dem zu. Vielleicht ist es der Ort, an dem Teile eines Selbsts sich von ihrem fiktionalen Ganzen abkoppeln und dann auf andere abgekoppelte Teile zugehen und sich mit diesen verbinden können.

Queere Rave-Kultur ist demnach weniger ein Diagramm von Leuten als von Dividuen. Ein Diagramm aus Teilanschlüssen und Unterbrechungen, übertragen auf ein Stückchen Stadt, das seinerseits ein Schauplatz des Mietwuchers ist. Was wiederum viele Raverïnnen dazu zwingt, ihre Köpfe und Körper an unterschiedliche Branchen der Stilaneignung zu verkaufen, um es sich überhaupt leisten zu können, in der Nähe von Raves zu leben, was aber schlussendlich nur bedeutet, dass sie die Raves irgendwann vertreiben werden. Der Rave wird der Totalität maximierter Aneignungsformen niemals entkommen, weder der von Stilen noch der von Mieten. Er kann Momente der Entkoppelung anbieten, die zwar innerhalb des Ganzen liegen, aber nicht fassbar sind – sich nicht erfassen lassen.

Woher weiß überhaupt irgendjemand, dass es so etwas wie queere Raves gibt? Ich hatte mit Q eine Begleiterin, die mich an die Hand nahm. Woher wissen es dann alle anderen? Brooklyn, mit seinen Wohngemeinschaften, Clubs und umherziehenden Raves, findet seine Entsprechung im sich zersetzenden Spektakel der sozialen Medien: öffentliche Instagram-Accounts, und geschlossene. Einige werden von Veranstalterïnnen betrieben, manche von DJs, alle haben ihre Follower. Dann gibt es noch spezielle E-Mail-Newsletter. Eine bestimmte Party bespielt sogar, reichlich altbacken, eine private Facebook-Seite.

Auf den Veranstalterïnnen lastet der Druck, eine Crowd zusammenzubringen, die genug Tickets kauft, um die Ausgaben wieder reinzubekommen. Damit geht dann allerdings auch eine zufällige Auswahl an Coworkerïnnen und Punisherïnnen einher, die wiederum die Raverïnnen abschreckt, die es wirklich brauchen und deren Präsenz überhaupt erst die Attraktivität der Raves ausmacht. Auch wenn DJs das nur ungern hören – das Publikum macht den Rave aus. Um eine Menge ausflippen zu lassen und wirklich einen Rave aus ihr zu machen, muss sie in erster Linie einen satten Anteil echter Raverïnnen haben, die wirklich zu tanzen wissen.

Dann sind da noch die Clubkids. Sie brauchen das Nachtleben ebenso wie die Raverïnnen. Aber sie ziehen eher los, um gesehen zu werden und um andere zu treffen als um sich selbst zu verlieren. Clubkids und Raverïnnen sind gleichermaßen auf das Nachtleben angewiesen, auch wenn ihre Bedürfnisse eher gegenläufig sind.

Geoffrey Mak: »Die Szene war clubaffin, queer und chaotisch. Sie besaß eine Diversität, die ich aus der Literaturszene so nicht kannte. In den Clubs wurden die Leute anhand ihrer *race* gelesen, klar, aber mehr noch anhand ihres Aussehens, ihrer Haltung, ihrer Posen und ihres Auftritts. Es ging um Oberflächen, aber es war nicht oberflächlich. Ich liebte die Szene, und ich liebte sie heftig. Auf Sexpartys hatte mich meine *race* unsichtbar gemacht, im Club war das Gegenteil der Fall. Es war wichtig für mich, tanzen zu lernen, denn ich wollte unbedingt gesehen werden. Als das Strobo anging, tat ich, als würde ich nicht mitbekommen, dass die Leute mir zuschauten. Es war berauschend, nie zuvor außerhalb des Clubs hatte ich so viel Aufmerksamkeit auf mich gezogen. Die Kulturkämpfe, *culture wars*, gingen ihrem Höhepunkt entgegen und ich hatte gelernt zu voguen, was ich einerseits lustig und andererseits passiv-aggressiv fand. Wann immer mich die Leute im Club fragten, ob ich voguen würde, antwortete ich, dass ich mir nie die verdammte Kultur von jemand anderem aneignen, sondern Tai-Chi machen würde. Allem Anschein nach kauften sie mir das ab.«[86]

Hardcore-Raverïnnen brauchen zwar jede Menge Stunden auf der Tanzfläche, sind aber dennoch wählerisch, auf welchen Rave sie gehen. Sie brauchen gute DJs, guten Sound und gutes Licht, und manchmal geht es vor allem darum, die Punisherïnnen loszuwerden. Sie sind sich im Klaren darüber, dass sie einen Teil dessen sind, was einen schnuckeligen Rave ausmacht. Manchmal setzen die Veranstalterïnnen sie auf die »Liste«, sodass sie für lau reinkommen. Oder es gibt Links zu verbilligten Tickets, die in geschlossenen Gruppen angeboten werden, bevor sie in den öffentlichen Verkauf gehen. Oder es gibt positive Diskriminierung an der Tür. Um Raum für Queer- und Transpersonen zu schaffen, die den Rave brauchen und mit ihrem Konsum umzugehen wissen. Eine gute Doorbitch weiß durch Beobachtung und aus Erfahrung, wer reinzuwinken und wer rauszuhalten ist. Wer Energie mitbringt und wer lediglich welche abziehen würde.

Auf manchen Raves herrscht Fotografierverbot, auf anderen nicht. Ich bin gerade auf einem, der es ernst meint mit dem Nicht-Fotografieren und mache eine Pause auf einer Sitzbank nahe der Tür. Ich wende meinen Blick der Person zu, die total erschöpft und in voller Länge auf der anderen Bank ausgestreckt ist. Eine sehr große, schlanke Frau, ihr Smartphone an die Brust gepresst, unerreichbar für die Welt um sie herum, in makellosem Make-up. Nicht einfach groß, denke ich, sondern ein »tall girl«, eine Transfrau. Dann erkenne ich sie: eines der aktuellen Top-Transmodels. Ich greife nach meinem Smartphone, um ein Foto zu machen.... und halte inne.[87]

Dieser Rave hat seinen eigenen Hashtag, unter dem hauptsächlich Bilder von Raver*innen vor oder nach der Party zu finden sind, entweder in ihren schicken Outfits und ihrem Make-up oder durchgefeiert im Morgenlicht. Was dazwischen passiert, ist vor allem unsichtbar und das wiederum macht einen Gutteil seines Charmes aus. Es ist bzw. war eine gute Party und ich bin nicht die einzige Raverin, die hier ein paar magische Augenblicke erlebt hat. Die Unsichtbarkeit erschafft so etwas wie eine Aura. Als wenn die Abwesenheit reproduzierbarer Bilder auf etwas mit einer besonderen Provenienz hindeutete. Nur eben nicht so sehr wegen dessen Präsenz in der Geschichte oder aus einer Tradition heraus, sondern eher aufgrund deren nahezu vollständiger Abwesenheit.

Nichts währt ewig. Partys verlieren ihre Aura, ihre Stetigkeit, werden von anderen abgelöst. Der pandemische Lockdown hat einige wichtige Veranstalter'innen von der Bildfläche verschwinden lassen, woraufhin sich einige Neuankömmlinge mit ein paar guten Straßenraves ohne Eintritt einen Namen machten. Neue DJs tauchen auf. Die Suche nach Spielorten gilt als ganz eigene Kunst, bei der neue Veranstalter'innen, da sie dem Stadtbezirk mit einem frischen Blick begegnen, manchmal völlig unerwartete Situationen auftun.

Was das Ganze allerdings oft killt, ist die Stilaneignung. Die fast zwangsläufig beim Schwarzsein einsetzt, also der beliebtesten auratischen Zone von Situationen – die zugleich diejenige ist, die sich mit maximalem Ertrag ausbeuten lässt, insbesondere wenn sie Schwarz und queer und trans ist. So wie die Ballroomszene, die komplett ausgenommen wurde, von Madonna über *Paris Is Burning* über *Pose* bis hin zu *Legendary*.[88]

Ein Rave ist temporär. Ein paar wenige Menschen, die durch einen eher kurzen Moment in der Zeit passieren. Manches an dieser Praxis vollzieht sich in der Situation und gehört vielleicht eher dorthin als ins Geschriebene. Also habe ich diese Dinge dort belassen. Und obwohl der Rave temporär ist, vollzieht sich das Raven außerhalb der Zeit. Das Ravekontinuum verläuft seitwärts in K-Zeit, solange bis es zu etwas anderem mutiert. Bis ans Ende der Welt.

madison moore: »Die Böden der Räume, in denen sich das queere Nachtleben abspielt, sind eine feuchtes, heißes, schweißverklebtes Niemandsland, in den Toiletten sind sie mit schmierigen Aussonderungen und matschigem Klopapier zugekleistert, und wenn du dich von Raum zu Raum bewegst, watest du durch ein Elixier aus Nebelschwaden, verschüttetem Alk, Glitter, zerquetschten Getränkebechern und Dosen, Strohhalmen, Sperma, Poppers, Fahrkarten, Kreditkarten, Geldscheinen, Münzen, winzigen Drogentütchen, Feuerzeugen, Dreck, Zigaretten, losem Tabak und Blättchen zum Drehen.«[89]

Einige der schmählicheren Spuren, die Raves der Welt hinterlassen, werden lange überdauern. Als unauslöschliche Narben der anthropozänen Verschmutzung. Die Alu-Trinkflasche: noch hundert Jahre. Ein Ketamin-Tütchen: noch tausend Jahre. Eine gläserne Mateflasche: vielleicht eine Million Jahre. Die Deponie als Archiv. Auf der auch dieses Buch eines Tages enden wird.[90]

Gavilán Rayna Russom: »Der Körper und das Land speichern Information. Sie speichern die Vergangenheit und die Zukunft, weil sie in der Gegenwart existieren. Das Land und der Körper wissen, dass sie kolonisiert wurden, sie erinnern sich auch an die Zeit vor dieser Zeit, und sie wissen, dass sie eines Tages nicht mehr kolonisiert sein werden. Genau wie die Erinnerungen, die im Drum Break gespeichert sind und in den Objekten, die im Museum aufbewahrt werden, werden sie, während wir weiter reden und arbeiten und tanzen und leben, soziale Beziehungen neu erfinden, Bedeutungen schaffen, die Würde unserer Vorfahren wiederherstellen und zur Nachhaltigkeit beitragen, eines Tages frei sein, und sie werden sprechen, und wir werden zuhören oder wir werden aussterben.«[91]

Am Anfang war Techno der Sound des Schwarzseins, das sich aus den Ruinen erhob, um die eigene Zukunft in die Hand zu nehmen.[92] Was daraus geworden ist? Im schlimmsten Fall – nun ja, dazu sage ich lieber nichts. Im besten Fall – eine maschinische, eine Klang-Zeit, die uns aushalten lässt. Eine Zeit der Ausdauer, K-Zeit, für eine Epoche, in der uns die Zeit der Dauer nicht mehr zugänglich ist. Eine Transzeit, ohne Zukunft, die aus der Präsenz dennoch ein Präsent macht. Die Pforte zum Paradies ist verriegelt. Es wurde in Privateigentum überführt. Doch wir können auf der Rückseite über den Zaun klettern.

Diese Zeilen sind aus meinem Bett zu dir gekommen, in dem ich oft meine Schreibarbeit erledige. Du saßt neben mir im Bett und hast auf deinem Laptop geschrieben, an deinem Roman gearbeitet. Keine Ahnung, was von all dem, was wir hier zusammen tun, das Beste ist: ficken, schlafen, reden – oder schreiben. Alles ist gut. Auch wenn es mich zugegebenermaßen etwas nervös macht, dir jetzt, schon wieder, dabei zuzusehen, wie du das hier liest und in deiner krakeligen Handschrift Randbemerkungen einfügst.

Eigentlich hatte ich vor, dich in der dritten Person in diese Geschichte hineinzuschreiben, aber mir sind die Buchstaben ausgegangen, die ich Raverïnnen anstelle von Namen geben konnte. Du kamst sowieso nicht aus der Rave-Szene. Ich habe nach dir gesucht. Ich war auf acht Dating-Apps unterwegs. Neun, wenn man Twitter mitzählt.

Ich schlenderte durch die Gänge eines Antiquariats, auf der Suche nach nichts Speziellem und durchwanderte mehrfach die vollgepackten Regalfluchten, bis meine Hand im hintersten Gang schließlich von einem Buch mit Liebesbriefen angezogen wurde, das mir vollkommen unbekannt war. Das hier? Ja, das hier. Denn auf der anderen Seite steht jemand. Wie albern, dachte ich, kaufte das Buch aber trotzdem. In einer magischen Welt, an die ich gerade gerne glauben möchte, habe ich vielleicht deine Blicke gespürt.

Als wir uns trafen und zusammenkamen, war es gut. Aber ich war unsicher, ob du mit mir tanzen gehen würdest. Du hast zwar gesagt, dass du gerne tanzt. Das geht vielen so. Aber brauchst du es auch? Wenn ich den Teil meines Lebens, in dem ich Raverin bin, mit jemandem teile würde, dann kann das nur funktionieren, wenn diese Person das Tanzen auch braucht.

Fürs den Anfang entschied ich mich für einen High Tea, eine Tanzparty am Nachmittag. Im Grunde Schwule Männer und House-Musik. Du hast ein paar von meinen Leuten kennengelernt. Es gab zu dieser Zeit einen kleinen Riss im Diagramm, weshalb ich dir nach jeder Begegnung zuflüsterte ob dey zu den Capulets oder den Montagues gehörten – mit mir selbst als Mercutia. Um dann eine campy Rezitation von »a plague on both of your houses!« zum Besten zu geben, was angesichts der tatsächlich grassierenden Seuche entweder gar nicht oder entschieden zu lustig war.

Wir fanden beide in die House-Musik rein. Die Art, wie du dich selbst im Tanz verloren hast – das schien vielversprechend. Aber der Dancefloor war aus Beton. Wir sind nicht allzu lange geblieben. Dann nach Hause, um zu vögeln, in diesem Bett, in dem wir jetzt auch schreiben.

Als wir das erste Mal zusammen tanzen gingen, zu diesem High Tea, war ich ein bisschen zu nervös. Es war so hell. Es gab COVID. Was, wenn ich auf einem Rave auf die falsche Art tanzen und du mich nicht mögen würdest? Was für eine abstruse Vorstellung. Es geht doch darum, die Musik zu spüren, mich darauf einzulassen, indem ich loslasse. Was mir auf dieser Tanzfläche kristallklar durch den Kopf ging, war: halt endlich mal die Klappe, es ist Sonntagnachmittag und du tanzt mit einer schönen Frau, am Ende der Welt.

Als nächstes sind wir auf einen der kleineren Raves gegangen. Es war ein sehr besonderes Rendezvous. Du bist zu mir gekommen. Ich habe für uns ein Abendessen gekocht. Wir wurden high, hatten Sex, sind früh ins Bett. Um vier Uhr morgens klingelte der Wecker, eine halbe Stunde später waren wir beim Rave. Dann Tanzen, zwar nicht zusammen und nicht als Paar, doch nah beieinander. Spürten unsere Körper, wie sie sich im Sound bewegen, durch den Sound verbinden.

Du stehst drauf. Verlierst dich drin. Der Standard-Tanzstil, nach dem man sich auf einem Rave bewegt, wird nach einer guten Stunde zu etwas sehr Innigem. Um zu Raven, händigt man sich selbst an einen gestischen Körper aus, der zwischen denen der anderen aufgereiht ist. Dein Seitwärtsschritt. Das Pendeln deiner Schulter. Wie zärtlich es sich anfühlt, neben dir zu sein, die du auch verloren bist.

Wir sind ganz vorne. Du benutzt die Ohrstöpsel, die ich für J besorgt hatte. Anscheinend doch eine Gabe, eine Geste für die Stetigkeit, allerdings eine andere als ich erwartet hatte.

Wir haben einen guten Teil von Mary Yuzovskayas Set mitbekommen, deren Stil ich sehr mag. Ich bin keine Techno-Expertin. Echte Cracks würden sich besser auskennen als ich. Ich mag einfach, was ich mag. Und ich mag diese minimalistischen, spacigen Tracks, die sie spielt.

Wir vapen Gras und tanzen, spüren, wie der Tiefbass uns durchfließt. Du schreibst Literatur – ich nicht. Jedenfalls nicht ganz. Du bist keine Protagonistin, die ich mir ausdenken kann. Ich kann nur darüber schreiben, was ich für dich fühle und von dir wahrnehme. Du scheinst glücklich zu sein. Würdest du mir sagen, wenn es anders wäre? Würde ich das einfach spüren? Ich will spüren, was du fühlst. Ich will für deine Bedürfnisse da sein.

Ja, ich war glücklich. Das lagst du richtig. Kann sein, dass ich es dir nicht sagen würde, falls es anders wäre. Nicht, weil ich will, dass du es errätst, sondern weil ich meine Gefühle abwäge, bevor ich sie rauslasse. Jedenfalls bilde ich mir ein, das zu tun.

Währenddessen dreht hier drüben die Xeno-Euphorie auf. Nach Mary spielen Pure Immanence, die aus meinem Freund Nick und seinem DJ-Partner Kiddo Sincere bestehen. Rein in den Ravespace. Alles fügt sich wie von selbst. Die Flucht ins fremde Fleisch, die seltsame Flucht ins Außen. Mit dir hier zu sein hilft mir, aus mir selbst herauszukommen. Mit anderen zusammen zu sein ist genau dann am besten, wenn es dazu einlädt, zusammen anders zu sein, wie Q sagen würde.

Wir tanzen, bis das Fleisch seine eigenen Bedürfnisse anmeldet. Wir machen eine Pause. Holen Wasser. Gehen Pinkeln. Getrennte Kabinen. Prüfe das Gesicht und die Frisur im Spiegel der grell erleuchteten Toilette, während ich auf dich warte.

Die Krüppelfüße schmerzen, weshalb ich dich, anstatt zurück auf die Tanzfläche zu gehen, an die Hand nehme und zum hinteren Ende des Raves leite. Ich vermeide die Stelle, an der ich mit J gewesen bin. Eigentlich ein guter Ort, aber das wäre wirklich geschmacklos. Egal, jetzt bist sowieso du diejenige, die uns woanders hinführt.

Sitzen aneinander gelehnt auf der Kante einer Holzbank. Hitze und Schweiß. Ich kann dich auf mir schmecken, vermischt mit meinem eigenen Geschmack, ich steh drauf. Fahre mit der Hand deinen Oberschenkel hinauf. In dich hinein. Spüre, wie du meine Finger überströmst. Keuchen. Gelüste. Fühle mich, als ob ich dir und der Situation all die Stimmungen weitergebe, in denen ich frei bin. Unsere Körper sollen zusammenkommen, wenn sie frei sind.

Woran an ich mich bei diesem Sex auch erinnere, ist, dass die Beats das Holz vibrieren ließen und das wiederum meine Möse vibrieren ließ, was mich zum Kommen brachte. Du und die Musik, ihr habt mich zusammen gefickt.

Wir bleiben bis zum Schluss. Es bildet sich ein kleines Knäuel aus meinen Lieblingsraverïnnen zum Quatschen, bevor wir alle nach Hause gehen. N und A sind da, E und Z, G und H. Wir genießen gemeinsam diesen Zustand, nachdem wir uns alle abgerackert haben. Bei dieser Arbeit, die nur dazu dient, sich gegenseitig im Tanz zu erschaffen.

Raus aus dem Ravekontinuum, rein in die verfluchte Sonne. Ein riesiger Schwarm schwarzer Vögel versammelt sich auf dem Dach eines Wohngebäudes an der Bushwick Avenue. Zu ihrem eigenen Rave.

Zurück in meine Wohnung, in dieses Bett und dann: Schlaf. Als wir aufwachen, so gegen elf, sagst du, dass es sich, weil wir für einen Morgenrave aufgestanden sind, so anfühlt, als hätten wir noch einen extra Tag fürs Wochenende dazubekommen. Sieht so aus, als hättest du zur K-Zeit gefunden. Du bist jetzt eine Raverin. Oder warst es eigentlich immer.

Um noch eins draufzusetzen, gehen wir als nächstes zum großen Halloween Rave. Ein Bürogebäude in Manhattan. Drei Stockwerke. Der ganze Raum ist eine konstruierte Situation. Aus

Licht und Nebel und den Glaswänden leerer Büroräume, die zu etwas anderem werden: zu einer Spielwiese der Nichtarbeit.

Es ist eine Fetisch-Party. Du hast dir ein schwarzes Lackkleid zugelegt. Heiß. Ich trage so ein schwarzes Netzteil, dazu Strapse, Strümpfe und Stiefel. Überbleibsel aus den Zeiten des *Crossdressing* vor meinem Outing.

Wir sind oben, im dritten Stock. Links von der Bühne. Leere Aludosen tanzen direkt vor mir auf der Bassbox. Sie springen unterschiedlich hoch, je nachdem wieviel Flüssigkeit noch drin ist.

Eine Gruppe, die ich als drei schwule Männer mit Hundemasken lese, tollt direkt neben uns herum. Entzückend. Eher weniger entzückend der Typ in einfacher Jeans und T-Shirt, den Schwanz aus der Hose. Halb erigiert. Er spielt planlos an ihm herum. Presst ihn dann gegen einen anderen Körper. Sieht nach gegenseitigem Einverständnis aus, mehr oder weniger. Schwer zu sagen.[93]

Bin nicht besonders konzentriert. Meine Sinne sind von Fleisch und Hitze eingenommen – und der Fremdheit. Mir kommt ein Gedanke. Wie immer geht er mir eine Weile durch den Kopf. Volle Sechzehn Takte. Dann ist die Entscheidung gefallen: ich klettere auf die Bassbox. Vor mir öffnet sich der ganze Raum, ich nehme die schwingenden, sich auf und ab wiegenden Körper in mich auf, die Energie, die Hitze, den Schweiß.

Es ist gar nicht so einfach, auf der Box zu tanzen, da ihre Oberseite ziemlich klein ist und wie verrückt vibriert. Für einen Augenblick frage ich mich, ob mich irgendjemand wiedererkennt. Oder ob ich mich zum Narren mache. Wahrscheinlich. Und wenn schon. Ich bin der Xeno-Euphorie dieses ausgegrenzten Körpers ausgeliefert, der als er selbst aus sich ausbricht.

Komme wieder zu mir, um zu checken, ob ich noch am Leben bin. Durst. Du hilfst mir beim Runterklettern. Wäre peinlich, sich bei der Aktion die Hüfte zu brechen. Wir ziehen weiter durchs Labyrinth.[94] Finden in einer dunklen Ecke eine ruhige Bar und holen uns das Wasser, das unsere kleine Säugerkombo jetzt dringend braucht. Dann geht es ein Stockwerk tiefer, zum Ambient Floor. Der mit flachen Sitzkissen gepflastert ist, die wiederum mit einem Gewimmel aus Körpern überdeckt sind, von der Dunkelheit verhüllt. Halte deine Hand, um dich nicht zu verlieren.

Kein Platz für uns weit und breit. Also wieder nach oben, in den dritten Stock, diesmal abseits der Tanzfläche, zurück ins Labyrinth. Soundfäden geleiten uns nach draußen. An einem in rotes Licht getauchten verglasten Büro vorbei, in dem Shibariseile liegen, die Show scheint schon vorbei zu sein. Dahinter ein grün erleuchtetes aquariumartiges Büroabteil. Darin zwei Personen im Schneidersitz, die sich gegenseitig tief in die Augen blicken, die Hände verschlungen. Wir lassen sie in Frieden.

Am Aufzug steht ein Mann in die Ecke gedrängt. Mit dem Kopf an der Wand. Überlege zu fragen, ob es ihm gut geht, aber es sieht so aus, als wolle er nur für einen Moment der Reizüberflutung entkommen, also lasse ich ihn in Ruhe. Nachdem sich die Augen an das dämmerige Licht gewöhnt haben, werden an der gegenüberliegenden Wand die Umrisse von Sofas erkennbar. Wir finden eine ruhige Ecke. Setzen uns und ruhen uns aus. Trinken Wasser. Auf der Party Herrscht Fotoverbot, ich mache trotzdem ein paar heimliche Schnappschüsse vom Ambiente.

Ich bin für meine »Moves« bekannt. *Lol, du und deine Moves.* Zwar sind wir hier nicht ungestört, doch nachdem ich zweiund-

White Label
ERBA
MATE
Soda
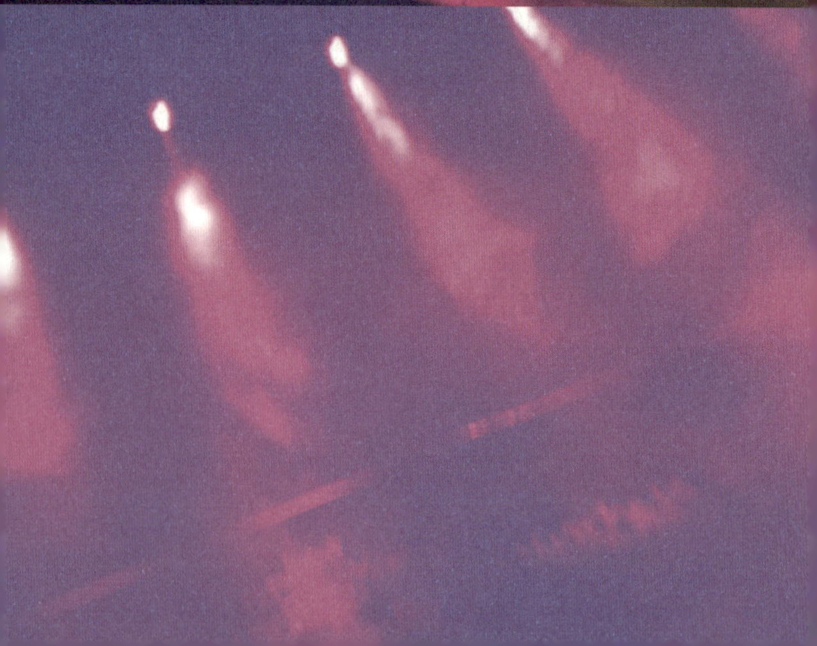

dreißig Takte lang überlegt habe, kann ich mich nicht mehr zurückhalten, und zaubere einen Move aus meinem Repertoire romantischer und sexueller Kunststücke hervor. Der schon aus einem meiner anderen Bücher bekannt ist: Ich grätsche quer rüber auf deinen Schoß und ziehe dein Kinn nach oben zum Küssen. Presse dabei den einen Körper an den anderen.

Dieser Move ist wie eine Frage, die aus verschiedenen Berührungen besteht. Du erwiderst die Berührungen. Es ist angenehm, aber von irgendwoher dringt ein Sonnenstrahl ins Dunkel. Es bleibt also nicht mehr viel Zeit, um zu tanzen, und deswegen sind wir ja vor allem hier. Zurück auf die Tanzfläche. Bis der Beat stoppt.

Damals im Sommer 2021 hatte ich mich gerade von einer Liebhaberin getrennt. Eine, in die ich immer noch verliebt bin, auf jene lesbische Art und Weise, die das Leben mit Expartnerïnnen ausstaffiert, die einem lieb und teuer sind. Sodass die Stetigkeit zu etwas anderem werden musste, als sie es zwischen Liebhaberinnen war. Danach bin ich leicht durchgedreht und habe mit anderen Transgirls rumgemacht, inklusive F und J. Und dann fand ich dich.

Irgendwann zu dieser Zeit zwischen Spätsommer und der Wintersonnenwende fiel die Entscheidung. Aus dir und mir wurde eine stetige Situation, mit all den besonderen Ritualen des Zusammenseins. Gemeinsam baden. Über Gefühle sprechen. Im Bett liegen und schreiben. Auf Raves gehen. In versteckten Höhlen kristalliner Zeit tanzen.

Morgens Raven zu gehen wurde zu einem besonderen Stetigkeitsritual. SHYBOI spielt das Closing in irgendeiner leerstehenden Lagerhalle, schroffe Beats und brachiales Licht tackern die Tanzfläche. Oder Lychee, dey ich über Discord kenne, heizt einen Mini-Rave an, jede Menge bekannte Körper sind da.[95]

Oder als wir mitbekommen haben, dass die Veranstalterïn zum DJ ging und ihm was ins Ohr flüsterte. Irgendwas stimmte nicht. Erst später habe ich über Discord rausgefunden, dass jemand eine Überdosis GHB genommen hatte.[96] L rief die 112 an, und ließ tunlichst die Drogen unerwähnt, damit nur der Rettungswagen kam und nicht die Bullen. Dann kümmerte sie sich draußen vor dem Laden, ein kleines Stück die Straße runter, um den kollabierten Raver – nach allen Regeln der Fürsorge, die wir dauernd predigen.

Die DJ drehte die Lautstärke ein bisschen runter und spielte vierzig Minuten länger, damit der Rettungswagen kommen und wieder wegfahren konnte, ohne dass alle draußen rumgehangen wären – und mit ihren Fahrdiensttaxen die Straße blockiert und so die Aufmerksamkeit auf sich gelenkt hätten. Wir bekamen von all dem nichts mit und gingen gemeinsam nach Hause, glücklich und hundemüde. Zurück in dieses Bett.

Unsere Lieblings-Partyreihe erhielt Unterstützung aus einem Pandemie-Nothilfefonds und wurde legalisiert. Tickets gab es von da an nicht mehr nur unter dem Ladentisch, sondern auf Resident Advisor, so dass alle zum Zug kamen. Mit den Einnahmen konnten sie renommiertere DJs buchen. Sie sind für ihren sound in the round bekannt: die DJs legen in der Mitte des Raumes auf, umgeben von den Tanzenden. Es ist das pure Vergnügen, DVS1 von hinten zuzusehen, wie er an den CDJs spielt, flink, bestimmt und sanft, ganz wie eine geschickte Liebhaberïn.[97]

Es wäre es ein guter Morgen gewesen, wenn da nicht die Bullen in Mannschaftsstärke aufgetaucht wären. Sie kamen, um uns daran zu erinnern, dass sie unseren Raum nach Belieben zu ihrem Raum machen konnten, und es mal abgesehen von einer Revolte nichts gab, was wir dagegen hätten unternehmen können. Die Bullen verkündeten, dass die Party eine Stunde früher enden müsse und warteten nicht das Closing ab, um uns abzuräumen. Angesichts einer solchen Masse schmutziger Schwuchteln, Lesben und Transen trugen sie ausnahmsweise mal ihre Masken. Das hier ist nicht die richtige Crowd, um einen neuen Stonewall-Aufstand vom Zaun zu brechen. Die weiße Sprache der Queerness wurde zum Dialekt der Gentrifizierung. Einige von uns haben zu viel zu verlieren.

Das war immer eine Party mit striktem Fotografierverbot. Doch diesmal hat jemand ein TikTok-Video auf der Tanzfläche gefilmt. Als ich das letzte Mal nachgeschaut habe, hatte es 300.000 Aufrufe. Die unvermeidliche mediale Überpräsenz dieser Party wird vermutlich das Ende einer Stetigkeitsepoche bedeuten. Andere werden in die Bresche springen.

Als Takaaki Itoh in demselben kleinen Raum, in dem Lychee gespielt hat, auftrat, konntest du nicht kommen.[98] Musstest deinen Zweitjob erledigen, so wie das heutzutage alle machen. Ich gab dein Ticket an eine der Mitarbeiterïnnen vom Nowadays weiter, die ich aus den Signal- und den Discord-Gruppen kenne und die mich ein paar Mal freundlicherweise an der Schlange vorbeilotste. Positive Diskriminierung.

Als ich um vier Uhr ankomme, sind in der ersten Reihe eine Menge Punisherïnnen. Sie scheinen sich zu kennen. Einer, den ich als Cis-Mann lese, pumpt für fünf Beats mit der Faust, dann hält er inne. Als nächstes unterhält er sich lautstark mit der Cis-Frau zu seiner Linken. Ich stehe mit dem Rücken zum Lautsprecherturm rechts an der Bühne. Eigentlich ein großartiger Platz, wenn sie mich nicht dauernd anrempeln würden. Denke kurz drüber nach, und versuche dann die Menge zu durchqueren, um an die linke Seite der Bühne zu kommen. Einer von ihnen stellt sich mir in den Weg, wie so ein Platzhirsch. Macker-Move.

Links von der Bühne, gegenüber den Lautsprechern, hat sich ein Cisheten-Paar festgesetzt. Sie performen den Tauzieh-Tanz, die Augen geschlossen, die Beine breit, mit den Armen nach Luft vor dem Körper greifend, erst links, dann rechts. Sie harmonieren null mit den Leuten um sie herum und wirken ein bisschen aggressiv, wie sie ihren Platz verteidigen, doch mit der Zeit lerne ich, die Art und Weise zu bewundern, in der sie zusammen diesen Tanz ausführen. Vier Stunden, ohne Unterbrechung.

Ich tanze zwischen ihnen und einem Pärchen auf Emma, das ich als lesbisch lese. Die kleinere von beiden hat mir den Rücken zugewandt. Die andere, größere, hält sie eng umschlossen, schiebt sie aber aufgrund ihrer Körpergröße immer wieder gegen mich. Ich halte sanft dagegen, lächle, und die Große entschuldigt sich. Die Kleine steht total neben sich, und kriegt außer ihrer Liebhaberin nichts von dem mit, was drumherum passiert. Paarbeziehungen auf der Tanzfläche – die Privatisierung der Achtsamkeit. Aber genau wegen der Dyke-Liebe bin ich hier.

Endlich wird die laute und nervige Punisher-Truppe müde und gibt die vorderste Reihe frei. Die meisten Cishet-Männer sind nicht in der Lage, sich vom Beat ficken lassen. Sie können nicht mal zwischen Top und Bottom wechseln, um die Sache am Laufen zu halten. Sie tun ihr Bestes, um den Beat zu dominieren. Sie kommen immer zu früh. Sie glauben, dass sie härter ficken können als die Maschine. Dass sie am längeren Hebel sitzen. Im Cockpit. Sie stellen sich vor, die DJs ihres eigenen Lebens zu sein und dass der DJ eine Figur der Herrschaft und der Befehlsgewalt ist. Dumme Jungs.

Ich muss an eine Szene aus dem Film *Barbarella* denken, in der Duran-Duran, Concierge und Gehilfe der großen Tyrannin in der außerirdischen Stadt Sogo, die Erdenfrau Barbarella gefangennimmt und sie in seine Exzess-Maschine steckt,[99] die er wie ein DJ bespielt, um der Maschine Musik und der Frau körperliche Lust zu entlocken. Das ist alles sehr schön, nur, dass es nicht aufhört. Es geht immer weiter. Er ist versessen darauf, sie durch die technisch stimulierte Lust zu töten. Doch es gelingt ihm nicht. Sie ist Barbarella – Jane Fonda – und sie kann länger als er. Erdenfrau und Alienmaschine kommen gleichzeitig, brennen durch und brennen aus.

Duran-Duran: »Du mieses kleines Stück! Was hast du mit meiner Exzess-Maschine gemacht? Du hast sie ruiniert! Und mich auch! Schau dir das an! Die Energieleiter sind völlig verschmort! Du hast Schwuchteln aus ihnen gemacht! Die Exzess-Maschine ist durchgebrannt! Alle Sicherungen sind durchgebrannt! Schäm Dich! Du solltest dich schämen! Das wirst du mir büßen! Oh, warte nur, ich kann auch ganz anders! Du wirst dir noch wünschen, vor Lust gestorben zu sein, bevor sich dieser Tag seinem Ende zuneigt. Jetzt sollst du die Weisheit der Peitsche kennenlernen!

Jetzt wirst du Dinge erleben, die sich noch kein Philosoph hat träumen lassen. Warte nur, bis ich meine Apparate geholt habe.«

Ich stelle mir die Stadt Sogo aus dem Film wie das Ravekontinuum vor. Und Duran-Duran stelle ich mir als Punisher vor, der das bösartige Verlangen nach Kontrolle und Herrschaft über eine Technik verkörpert, die sich endlos selbst wiederholt und der man im besten Falle mit lustvoller Ausdauer begegnen kann. Die Exzess-Maschine wird uns am Ende alle umbringen. Einigen ist das bereits klar.

Ich bin im Ravespace, die Gedanken streifen durch ihre eigene, verschrobene Stadt, während sich der Körper zum Sound der Maschinen, die Itoh eher beschwört als ihnen Befehle zu erteilen, in repetitive Bewegungen hüllt. Ich frage mich, ob du den Film mögen oder eher lächerlich finden würdest. *Er ist lächerlich.*

A und U tauchen auf, was mir die Gesellschaft zugewandter und erfahrener Körper verschafft. Ich bin auf Gras und Pilzen. Keine Ahnung, wie man das nennt. Es ist kein Hippieflip und auch kein Candyflip. Ich werde es Phylaflip taufen: drei Lebensformen, jede aus einem anderen Stamm: Basidiomyceten (Psilocybin), Tracheophyta (Cannabis) und Chordata (ich). Die Mischung lässt jeden Augenblick und jede Geste in der nächsten aufgehen und bringt so die Zeit zum Gelieren.

Die Art und Weise, in der du beschreibst, wie es sich anfühlt, in diesen Räumen und auf diesen Tanzflächen unterwegs zu sein, kommt meinen eigenen Gefühlen und den Eindrücken, die diese Räume und diese Erlebnisse bei mir hinterlassen haben, sehr nah. Was mich wirklich, wirklich dazu bringt, tanzen zu wollen. Ich bin total heiß drauf. Genau so soll es sein, und egal wie lange wir tanzen, immer, wenn es vorbei ist, will ich noch mehr.

Ich habe eine gute Sicht auf Itoh an den Decks. Sieht aus, als ob auf den drei CDJs drei Minimal-Techno-Tracks gleichzeitig laufen und er die Art und Weise feinjustiert, in der sie sich gegenseitig überspielen. Er mixt auf vertikalen und horizontalen Zeitachsen. Welten nähern sich einander an und entfernen sich wieder voneinander, brechen sich in den Winkeln der gegebenen seitwärts gerichteten Zeit, sodass sie sich in Spektren mit unterschiedlichen emotionalen Farbwerten auffächert.

Es gibt jede Menge Nebel und gedimmtes Rotlicht. Der Sehsinn ist runter-, die Kinästhetik hochgefahren.[100] Ein magisches Set. Mit sanftem Spannungsaufbau und -abfall. Eine Wanderung durchs Wunderbare. Getragen von einer gewissen Coolness, öffnet es Räume, in denen die Gefühle der Tanzenden erblühen und Früchte tragen können. Einige wenige sehr dezente Rückbezüge auf bestimmte Sounds, die sich nach der britischen Szene der Neunziger anhören.

Phylaflip kann zu einem heftigen Rausch führen. Jetzt gerade, beim Tanzen, schreibt sich in meinem Kopf wie von selbst ein Brief an dich. Aus Sorge, ihn zu vergessen, überlege ich, ihn in mein Handy zu tippen. Aber das hier ist eine Party mit Handyverbot – sie kleben sogar die Kamera ab – also lasse ich es lieber. Ich freunde mich mit dem Gedanken an, dir später einfach einen anderen Brief zu schreiben.

Dann lenkt mich der Gedanke ab, dass das, was ich hier erlebe, eine vierte Ästhetik der Dissoziation sein könnte. Die sich aus einer gewissen Sensibilität des Techno ergibt. Etwa wenn der Sound umstandslos die simpelsten Genrekonventionen bedient, ohne dabei an frühere Musikstile anzuknüpfen, oder auf Bezüge aus der Vergangenheit zu verweisen, die eine klangliche Zukunft beschwören. Zugleich vertraut, da konventionell, und unvertraut, aber nicht beunruhigend. Wie sich die Umgebung für sie selbst anhört.

Die Dissoziation hat etwas mit der Zeit zu tun, der historischen Zeit. Der Begriff der Dissoziation ist mir noch nicht ganz klar. Ich weiß nur, was sie nicht ist. Sie ist weder eine Hyperstition, noch ist sie die in die Gegenwart hineinsickernde Zukunft. Im Moment gibt es gar keine Zukunft. Sie ist auch keine Hauntologie. Und genauso wenig ein Mahnmal vergangener Zukünfte.[101] Wir befinden uns in einer seitwärts verlaufenden Zeit, die Zeit flaniert umher und verliert sich. Eine dissoziierte Zeit, die nicht nur in diesem Körper spürbar ist. Es ist die Geschichte selbst, als dysphorische Geschichte, als eine, die unfähig ist, sich mit ihrem eigenen Körper zu versöhnen – ein metabolisches Zerwürfnis.

Draußen, wo es bereits hell ist, herrscht die überbelichtete Zeit des Spektakels. Versessen darauf, die Welt in Brand zu setzen. Die Duran-Durans dieser Welt werden ihre Exzess-Maschinen so lange spielen, bis sie schmelzen und verbrennen – mit uns mittendrin. Hier drinnen, in dieser Situation, jetzt, wo uns die Punisherïnnen verlassen haben und wo es nur noch uns gibt, die, die es wirklich brauchen: Hier existiert eine Zeit, die wir uns ertanzen, weit entfernt von der Vergangenheit, die uns in diesen Albtraum hineingeboren hat, und weit weg von der Zeit des Vaters, die nur darauf aus ist, uns alle umzubringen.

Wunderbar erschöpft und oben ohne. BH und Oberteil an die silberne Handtasche geknotet. Ich mache eine Pause und ziehe mich in sicherer Entfernung von der Tanzfläche auf ein altes Sofa zurück. Z und L sind bei mir und wir quatschen über die Show.

L erholt sich gerade von einer Verletzung. Beim ausgelassenen Tanzen ist er auf seinem eigenen Schweiß ausgerutscht und hat sich die Schulter ausgekugelt, die noch vor Ort wieder eingerenkt wurde. Wir können uns ziemlich gut aufeinander verlassen. Ich frage Z, was wir wohl machen, wenn alles den Bach runter geht und wir keine Beats und keine Hormone mehr kriegen. Wie aus der Pistole geschossen sagt sie: »Wir bleiben auf dem sinkenden Schiff.«

Dann allein auf dem Sofa. Im Vorhang des vorderen Fensters war ein kleines Loch, durch das ein einzelner Strahl morgendlichen Sonnenlichts durch den Dunst und Nebel fiel und auf meiner rechten Brust landete.

Das war letztes Wochenende. Dann taucht eine neue Virus-Variante auf. Die Raves für dieses Wochenende werden einer nach dem anderen abgesagt. Die Discord- und die Signal-Gruppen wenden sich dem gemeinschaftlichen Teilen von Informationen über COVID-Neuigkeiten und Testzentren zu.[102] Die Rangordnung der Verfügbarkeit über unsere Körper ist wieder hergestellt.

Frankie Decaiza Hutchinson: »Früher waren wir von der maßlosen Verderbtheit der Welt abgeschirmt, wir besaßen einen Schutzschirm, was uns dazu verleitet hat, uns andere, bessere Zukünfte auszumalen. Doch die Pandemie hat gezeigt, dass unser engagierter, globaler Kampf aus unserer Nische heraus allenfalls als naiv gelten kann, so als ob wir im Bass untergegangen wären, und den wahren Lärm überhört hätten.«[103]

Wir bleiben drinnen und phylaflippen: Ficken, Baden, Schreiben, Essen, und wieder von vorne. Sprechen über Gefühle. Über die Stetigkeit, die wir zusammen konstruieren. Tanzen zum süßen Unerhörten. Dieser Rhythmus. Welche Worte finde ich für dich, Worte, die ich noch nie für jemand anderen gebraucht habe? Können wir eine Art von Begehren, von Stetigkeit entwickeln, die dem Techno nahekommt? Die ohne eine ausschweifende, abgedroschene Sprache auskommt. Und ohne große Erinnerung. Die Art von Begehren, von Stetigkeit, die einfach tanzt.

Gemeinsam in diesem Bett, schreibend. Ab und zu eine Pause, um unsere getrennten Social-Media-Welten abzuchecken. Wir folgen einander nicht einmal und landen trotzdem immer wieder im Feed der jeweils anderen. Fast schon unheimlich. Angleichung der Diagramme. Du schickst mir eine Direktnachricht aus deinem Twitter-Feed.

Froschbot und Krötenbot: »Kröte schlürft seinen Tee. ›Frosch‹, fragt sie, ›denkst du dir das alles aus?‹ ›Vielleicht ja und vielleicht nein‹, entgegnet Frosch.« Deine Notiz darunter lautet: *Du und deine kleine Autofiktion.* Also gut, ich geb's zu, vielleicht denk ich mir hier und da was aus. Aber was ich für dich empfinde, ist nicht gelogen!

Wir verbringen den Tag schreibend im Bett. Draußen ist es kalt. Z und E haben sich ins Nebenzimmer zurückgezogen. Hinter verschlossenen Türen, damit wir so tun können, als würden wir in unseren eigenen Welten leben. Z ist rausgegangen, um Honig zu kaufen und ich habe sie gebeten, Milch mitzubringen. »Das

ist zwar nicht das Land von Milk and Money«, flachse ich, »aber die Wohnung, in der Milk and Honey fließen.« Alle lachen, obwohl es nicht lustig ist.

Das Bedürfnis. Es drängt. Nicht allein in diesem transsexuellen Körper. *Sich innerhalb der Beats einzunisten ist so ähnlich, wie sich in ein neues Gehirn zu hacken, eines, das keinen Hass auf meinen Körper schiebt, eines, das sich auf den DJ-Track einlässt und nicht auf meinem Angst-Track hängenbleibt, eines, das meinem Körper erlaubt einfach ein Fucking-Körper zu sein.* Das Tanzen wird schon seinen Weg zu uns finden.

Halb vier morgens. Wache auf, umschlungen von dir. Mache einen Arm frei, schalte den Wecker aus. Um kurz nach vier sind wir am Club und klopfen an eine Stahltür, hinter der gedämpfte Beats hervordringen. Keine Reaktion. Klopfen nochmal an die Tür. Der Türsteher, ein großer Schwarzer Mann, öffnet, allerdings nicht für uns, sondern um irgendeinen weißen Typen rauszuwerfen, der mit seinem Handy auf der Tanzfläche gefilmt hat. »Um vier war Einlassstopp«, erklärt der Türsteher. Ich lächle und halte mein Impfzertifikat und meinen Ausweis hoch. Er zuckt mit den Schultern, checkt unsere Zertifikate und lässt uns rein.

Fast leer. Ungefähr dreißig Leute auf der Tanzfläche. Ein Teil von mir will sich daruntermischen und ihre Energie spüren, aber ich halte mich zurück. Ich versuche zu erspüren, wo sich dein Körper befindet und für was wir uns gemeinsam entscheiden werden. Du und Ich landen schließlich hinten, direkt vor einem Lautsprecherturm. Der Sound ist gut hier, also könnten wir sogar »Abstand halten«. Was die Virusansteckung betrifft, mag es zwar nur eine symbolische Geste sein, aber ich spüre, dass es uns damit besser gehen wird. *Herz, wenn du lieber weiter vorne getanzt hättest, hättest du das nur sagen müssen.*

Die Eröffnungs-DJ hatte sich COVID eingefangen, weshalb Juliana Huxtable bereits seit sechs Stunden spielt und noch mindestens zwei vor sich hat. Sie legt gerade ziemlich heftige Beats auf, viele davon gehören zu ihrem typischen Repertoire. Das ist zwar nicht die Art von Techno, die ich in letzter Zeit bevorzuge, aber ich liebe ihre Virtuosität. Jazzmusikerïnnen improvisieren, indem sie Noten oder Akkorde aus einem Möglichkeitsraum in die horizontale Zeit hineinziehen. Huxtable zieht Tracks aus einem Möglichkeitsraum in parallele vertikale Zeiten – eine Art Metajazz. Indem sie die scheinbar allerunwahrscheinlichsten Klangpaare kombiniert, diesen Beat mit jenem Noise-Track zusammenbringt, plus ein paar Fetzen Vocals oder eine Melodie. Freisetzung von Klängen, was immer die CDJs hergeben.

Wir sind drei Stunden lang in unserem Groove, wechseln uns ab beim Wasser holen. Beobachten die paar bekannten Rave-Gesichter und einen Haufen Fremde am vorderen Ende des Raumes. Hin und wieder erhebt sich die Person aus dem Awareness Team, die zu unserer Rechten sitzt, und legt ein paar spektakuläre Tanzbewegungen hin.

Juliana mixt ein paar Postpunk-Tracks aus den Achtzigern mit rein. Die mag ich nicht so, da ich alt genug bin, um mich noch an sie zu erinnern. Für mich, und in dieser eher jüngeren Crowd vielleicht nur für mich, sind sie zu sehr mit Erinnerungen beladen. Du warst immerhin schon geboren und am Leben, als sie angesagt waren. *Ja, ich war geboren und am Leben, als diese Songs liefen, und es hat mich etwas genervt, auf diese Weise mit meinen*

Erinnerungen konfrontiert zu werden. Ich fahre meine Tanzbewegungen runter, um zu bewundern, wie Juliana diese Songs in- und übereinanderfädelt und -schichtet, den Sound der Achtziger vom Geschmacksterror freilegt und noch die letzten Reste gefühliger Strukturen abräumt.

Dann bewegt sich mein Körper wieder. Ich klinke mich in eine Reihe von Sounds im Mitteltonbereich ein, die mal mehr, mal weniger in den Vordergrund treten und mich entsprechend mit ein- und ausblenden. Dissoziiere aus der historischen Zeit. Doch irgendwas ruft eine Erinnerung wach. Es ähnelt dem Refrain eines bekannten Songs, den ich ausnahmsweise zuordnen kann. Jedenfalls fast.

Entweder ist es »Nannytown« oder »Maroon« vom *Interstellar Fugitives* Album von Underground Resistance.[104] Es ist fast schon ironisch, dass die beiden Songtitel dieses Albums an irgendeinem Punkt zwischen der Veröffentlichung der Platte, der CD und dem Streaming aus Versehen vertauscht wurden.

Es ist ein Track mit Gesang von einer schroffen, männlichklingenden Stimme, die nichts Menschliches an sich hat, und sich über das stumpfe Pochen eines Basslaufs legt. UR sprechen die Hörerin – mich – in der zweiten Person an. Ich kenne den Track gut, weil ich ihn so oft abgespielt habe, und auch jetzt läuft er in meinem Kopf, gemixt mit dem, was auch immer Juliana gerade mischt.

Das ist – *a voice from the past*, spricht die Stimme. *Standing in the future. To forever haunt* – me. *I should have never done this to* them. *Because now* they *can never rest.* They *are: black electric. Strong electric.* Das ist der negative, stimmlose Noise des Techno.[105] Das Schwarzsein von Techno selbst. Die Vergangenheit sucht die Gegenwart heim, unbeerdigt, rastlos, elektrisch. Die Zukunft wird auf ewig jede Party ghosten, die nicht in der Lage ist, zu dem Noise, der sie umgibt, zu tanzen.

Nanny Town war ein Maroon-Dorf in den Blue Mountains auf Jamaika und Heimat einer Widerstandsbewegung, die für eine Weile von einer Aschanti-Frau aus dem heutigen Ghana angeführt wurde, bekannt als Queen Nanny. Ich weiß das, weil ich es eben auf meinem Gerät nachgeschaut habe, hier mit dir im Bett. Was aber hat diese andere Geschichte, die der Schwarzen Marronage und des Widerstandes, mit Techno zu tun?[106]

Die Wahrheit ist: Mein weißer Arsch wird von der Stimme aus diesem Track heimgesucht. Umgeben von einer Vergangenheit, die keine verlorene Zukunft ist, sondern eine Vergangenheit, die verhindert, dass es überhaupt jemals eine Zukunft geben kann. Die sich mit kalter Hand die flüchtigen Momente unserer Stetigkeit krallt. Die Vergangenheit, in der die Versklavten als Sache galten, als Maschine. Die Vergangenheit, in der die Versklavten als Maschinen zum Prototyp der Maschinen als Sklaven wurden.[107]

Sie sind zwar heute Nacht nicht hier, aber ich muss an letztes Wochenende zurückdenken, an diese Cishet-Männer, die sich nicht von Technoklängen ficken lassen wollen. Ich stelle mir vor, dass das teilweise der Furcht des straighten Cis-Mannes geschuldet ist, penetriert werden zu können, und fickbar zu sein.[108] Ein Zustand, den er mit Machtlosigkeit verbindet. Das Technische kann nur das sein, was er zu beherrschen weiß. Es ist für ihn nicht das, wofür man sich hingibt, nicht das, was man verführt.

Die Stimme seines Herrn, his master's voice. Er sieht die Welt nur durch den Filter ihrer Beherrschbarkeit. Und da er das, was ihn umgibt, nur als Objekt seines Blicks und seiner Herrschaft betrachtet, muss er außerdem befürchten, dass es sich heimlich an ihn heranpirscht, ihn umschließt und in sich aufnimmt. Für ihn ist die Umgebung, surround, ein Raum der Angst, der Dunkelheit, in der er nichts mehr sehen kann, und aus der ihm fremdartige und verstörende Klänge entgegenschallen.

Vielleicht gibt es noch andere Residuen weißer Panik. Wie die Angst vor der Umgebung, vor der Dunkelheit und vor Geräuschen, die menschlich und außerirdisch sein könnten oder auch tierischen oder maschinellen Ursprungs – die Furcht vor der Schwärze. Das permanente Erinnertwerden an das Versklavte, das, was als Objekt behandelt wird, als Ware, wahlweise Wert oder Fleisch, und dennoch als etwas, das eigene Bedürfnisse hat, das Bedürfnis, freizukommen, abzuhauen. Daher die weiße Panik, dass das Versklavte sich rächen wird, sobald es frei ist.

Techno, nicht als Genre verstanden, sondern als Verfahren, bringt digitale Maschinen zum Sprechen. Darin ähnelt er der Art und Weise, in der der Jazz analoge Instrumente zum Sprechen bringt. Klänge aus dem Grenzbereich dessen, wozu die Maschine beziehungsweise das Instrument in der Lage ist, um sich zu befreien. Schwarzsein im Sound als Verfahren, das Ding an sich klingen zu lassen und den Menschen dabei in die Bewegung, ins Fühlen, in die Empfindung mitzunehmen.

So jedenfalls fühlt sich das an, was wir alle hier tun, während Juliana spielt, wenn ich tanze, wenn wir tanzen, oder wenn wir zusammen im Bett sitzen und an unseren Laptops arbeiten. Wir versuchen mitzuspielen, im Inneren der Exzess-Maschine, ohne Illusionen, sie jemals beherrschen zu können. Stattdessen versuchen wir, zumindest einen Teil von ihr so zu gestalten, dass ein Teil der Menschheit damit leben kann.

Ist das ein Schwarzes Bedürfnis? Keine Ahnung. Ist es ein Trans Bedürfnis? Da bin ich mir sicher. Wir wollen zumindest einen kleinen Teil einer Technologie, die gegen unseren Willen oder ohne uns geschaffen wurde, unseren Bedürfnissen anpassen. Ich mache eine Pause vom Tanzen, um Wasser zu holen. Ich laufe G in die Arme. Frage dey, wie ihm die Nacht gefällt. »Apokalypse-Abschlussball-Vibes«, sagt dey und ich muss lachen. Dey macht mir ein Kompliment für meinen Rock und fragt, woher ich ihn habe. Ich muss zugeben, dass ich ihn online bei Dolls Kill gekauft habe. Von einem Label namens Current Mood. Schwarz, mit einem Print des Wortes OFFLINE in weiß, auf Englisch und in japanischen Katakana. Manchmal ist das Beste an Raves, dass sie uns dazu kriegen, stundenlang offline zu sein.

Draußen ist es jetzt hell. Draußen herrscht das Spektakel. Ein Spektakel, das Risse zeigt, wie wir alle auf unseren kleinen gesprungenen Bildschirmen sehen können. Hier drinnen wird der Bildschirm wenigstens ausgeblendet. Es bleibt zwar ein Spektakel, doch eines an seinen eigenen Rändern, an dem, was das Bild umgibt, das augenlose Grundrauschen.[109] Ein guter Rave ist zwar immer noch ein Spektakel, aber eines, dass auf seine basalsten formalen Elemente reduziert ist: Beats und Nebel und gebrochenes Licht. Unsere Hingabe trägt fast religiöse Züge. Eine inhaltslose Religion, ein Glaube von reiner Medialität.[110]

Außerhalb des Spektakels waren einst zwei Kräfte angesiedelt, die es hätten aufbrechen können: das Schmutzige und das Proletariat.[111] Doch wir haben verloren. Jetzt ist das Spektakel nur noch von der Umweltverschmutzung als seiner externalisierten Form umgeben, ein Überbleibsel aus historischer Zeit. Von allen Befreiungsbewegungen war nur eine einzige durchschlagend erfolgreich: die Kohlenstoffbefreiungsfront. Sie hat ein Element des erdgebundenen Lebens befreit, es frei verfügbar gemacht und so unsere alte Genossin, die Sonne, in eine Feindin verwandelt.

Dysphorischer Planet; metabolisches Zerwürfnis.[112] Die Geschichte wird uns nicht zu Hilfe kommen. Nach unserer Niederlage bleiben nur noch zwei offizielle Lager übrig: die, die uns umbringen wollen und die, die uns sterben lassen. So sollte die Erzählung eigentlich nicht enden. Jetzt scheint es, als würden wir Zuflucht im Rave suchen, einem Fragment des Spektakels, reduziert auf eine fast inhaltsleere Form, Zuflucht vor der Geschichte.

Also deshalb schließlich die vierte Form der Dissoziation: weltgeschichtlich. Sich von elf Uhr nachts bis acht Uhr morgens von der Geschichte, die ihre Narben auf uns hinterlässt, absondern, um jene andere Zeit und einander wertzuschätzen. 75.600 Beats lang, zwischen denen sich unendlich viele kleine Poren der Seitwärtszeit öffnen.

Ich spüre den Sound der Kickdrum, sauber und klar. Lasst uns die weltgeschichtliche Dissoziation also nach der Technik benennen, die diesen Sound erzeugt: *Sidechainzeit*. Ich habe Z mal gebeten mir Sidechaining zu erklären. »Das ist, wenn du einen Sound, zum Beispiel eine Kickdrum, als Steuersignal benutzt, um etwa die Lautstärke anderer Sounds im Mix zu komprimieren, sodass der Sound der Kickdrum immer dann, wenn sie einsetzt, hervorgehoben wird.«

Jeder Rave im Ravekontinuum fungiert als Sidechain zu einem Signal, dass die K-Zeit präzise und klar einsetzen kann, während der Lärm der historischen Zeit dabei zur Stille komprimiert wird, jedoch nur solange der Rave gegen das Bestehende revoltiert. Das Ravekontinuum findet statt und fühlt sich wie ein gleichförmiger Technobeat an, da jeder Rave alle anderen Zeitformen sidechained. Eine mögliche Stetigkeit – zumindest fürs Erste – aber nur weil sie alles zum Schweigen bringt, was sie beenden würde. Das ist vielleicht nicht viel, aber es hält einige von uns im aktiven Leben.

Es hilft, den Pessimismus mit anderen zu teilen. Wir alle spüren ihn. Es hilft uns dabei, uns zurechtzufinden. Eine Anteilnahme. Eine Artikulation. Es hilft uns zu akzeptieren, dass wird nicht so zu tun müssen, als gäbe es irgendeine große Hoffnung auf Erlösung. Es geht darum, wie man sich selbst rettet, inmitten der Dunkelheit, am Ende der Welt, indem man einen Weg findet, um in ihr zu existieren.

Als wir wieder zu Hause in meinem kleinen Zimmer ankommen, fallen uns sofort die Augen zu. Ich wache vor dir wieder auf, eingeflochten in deine Gliedmaßen. Es ist warm und dunkel in der Wohnung, in der Milch und Honig fließen. In meinem Kopf schwirrt noch ein weiterer Fetzen Songtext umher, diesmal von der Brit-Pop Diva Sade aus den Achtzigern. Hab ich davon geträumt oder kam das in Julianas Set vor? Nachdem ich vorsichtig eine Hand freigemacht habe, texte ich Juliana. Sie ist noch wach und schreibt direkt zurück: »Ja, aus dem Set! Ich habe einen Footwork-Remix von ›Cherish the Day‹ gespielt.« Dieses Fragment bildet den Soundtrack, der mir durch den Kopf loopt, während ich dich im Arm halte.

ANMERKUNGEN ZU DEN BILDERN

Die vorangestellten Nummern bezeichnen die jeweilige Seitenzahl.

9 Ravetasche – ein wichtiges und sehr persönliches Ausrüstungsstück für die meisten Raverïnnen. madison moore nennt ihres Sheila. Meine hat keinen Namen. Auf der linken Seite ein Überwurf, um mich in der kalten Nachtluft beim nach Hause laufen zu wärmen. Auf der rechten der Zylinder mit meinen Ohrstöpseln. In der Tasche: iPhone 12, Bargeld, Kreditkarte, Ausweis, Vape, Fächer und ein sehr kleines Buch, um zu lesen, falls ich mich langweile – Auszüge aus Candy Darlings Tagebüchern.

12 Vernebelte Räume, die Sinneswahrnehmung morpht ins Kinästhetische.

17 o. Lichtdesign von Kip Davis für einen Halloween-Rave über drei Stockwerke in einem leeren Bürogebäude in Manhattan.

17 u. Zu Beginn des Jahres 2024 entspricht der Büroleerstand in New York dem dreißigfachen der Fläche des Empire State Buildings. Was sich in diesen Räumen alles für konstruierte Situationen herstellen ließen …

18 o. Auf dem Dach des Hauses von Q während des Lockdowns zur Zeit der COVID Pandemie. Sie brachte sich selbst das Auflegen bei. A spielte auch und ein paar andere DJs da-

zu. B, E, H, P, T. V und Z sind vorbeigekommen. N kam umsonst an das Equipment ran, weil es niemanden gab, der es mieten wollte.

18 u. Am liebsten möglichst nah an den großen Boxen, wo der Bass durchs Fleisch pulst.

23 o. Auf den Gleisanlagen bei Newtown Creek, nachdem wir G und die anderen verloren hatten. E, Z und ich wollten nicht in der Mitte gehen, also sind wir an den Rändern entlang. Kurz danach landete das betrunkene Girl bei uns.

23 u. Als ich zusammengeklappt war und Atemübungen auf dem Sofa neben dem Darkroom machen musste. Ich habe auch eine weniger verschwommene Aufnahme, aber die hier zeigt die Stimmungslage.

24 o. Jasmine und Anya spielen Seite an Seite an meinem sechzigsten Geburtstag im Bossa Nova Civic Club, am 8. September 2021. Ganz links ist cranberry thunderfunk, der sich um das Licht gekümmert hat.

24 u. Wieder mal so eine Bretterbude, und wieder die pure Saunahitze. Schnappschuss aus meiner Nacht mit J.

30 Siehe die Anmerkung zu S. 23, oben.

35 o. Irgendwo in Gowanus, der Hurrikan hatte eine Pause eingelegt. Wir mussten knietief durchs Wasser waten, um reinzukommen. Ein Vorgeschmack auf das New York der Zukunft.

35 u. DJ Syanide spielt beim Dweller Festival #1 im Bossa Nova Civic Club, am 8. Februar 2020.

36 o. Ein Renegade zu Zeiten des Covid Lockdowns, in Redhook, in Sichtweite der Freiheitsstatue.

36 u. Rave Atmo. – Fühlt sich wie eine Entführung durch Aliens an.

41 Rave Schuhe voller – man kann es nicht anders nennen – Schmutz*.

42 Warte, dass du mit unseren White-Label Mates zurückkommst, dem Lieblingsgetränk der Brooklyn Raverïnnen.

49 Ein Irrgarten von Venue. Ich bin nicht die Einzige, die sich hier verläuft.

55 o. Jetzt kann ich ja erzählen, wo das war, den Ort gibt es nicht mehr. Er hieß The Muse. Am Morgen nach der letzten Party dort.

55 u. Straßenraves während des Lockdowns. Dieser heißt Regression, im The Hole. Es ist noch früh, später wurde es wirklich nett. Aufgenommen von der Brücke über den Gleisen.

56 o. Ein Hoch auf die Soundtechnikerïnnen! Eine/r von ihnen hat gerade eines dieser Kabel repariert.

56 u. Nick Bazzano, zusammen mit Kiddo als Pure Immanence, 2022. Aufgenommen zum Ende der Party.

61 o. Wenn es ein Fotografierverbot gibt, versuche ich mich daran zu halten. Damit ich den Elan der Tanzenden nicht unterbreche. Ich möchte aber auch die Atmosphäre dokumentieren. Bis an die Grenze dessen, was mit dem iPhone 12 geht. Dessen Algorithmen sind für Gesichter, Formen oder Landschaften optimiert. Ich möchte lieber das Licht aufnehmen, dass sich im Nebel bricht.

61 u. Im sechsten Kapitel dieses Buchs bleibst du namenlos. Im Buch, dass ich danach geschrieben habe, *Love and Money, Sex and Death*, nennst du dich Jenny. Lass uns so lange zusammen tanzen, wie die Musik spielt.

62 Das Shibari-Seil, das in einem leeren Bürogebäude in Manhattan hängt. Teil einer wunderbar komponierten Situation. Das Büro wird zum Arbeitsplatz der puren Ausschweifung umgewidmet.

69 Bossa Nova Civic Club an meinem sechzigsten Geburtstag, am 8. September 2021.

75 o. Jagdsaison im Januar, im Bossa.

75 u. January Hunt spielt bei Funneled Smoke, am 4. Oktober 2019.

82-83 Keine Ahnung, was da vom Dach dieses Konstrukts runtersublimiert, gibt jedenfalls ein prima Blade Runner Ambiente ab. In den Ecken von Brooklyn, die als Gewerbegebiete ausgewiesen sind, finden sich einige der besten Rave Venues.

88 o. Licht, das sich im Dunst und Nebel bricht. Wie Ravespace sich anfühlen könnte, wenn er sich visualisieren ließe.

88 u. Nach dem Lockdown. Die Rave-Ethnographin bei der Arbeit; bleibe bis zum Ende, um ein paar Notizen in mein Smartphone zu tippen. In diesen Stiefeln.

94 Siehe die Anmerkung zu S. 18, oben.

101 o. Mit E und Z auf dem Heimweg.

101 u. Bei besseren Raves gibt es ein Fotografierverbot, zumindest auf der Tanzfläche. Es wird mit beinahe religiösem Eifer befolgt. Hier hält ein Stammgast seine Hand vor meine Kamera, als ich versuche, die Lichter an der Decke zu fotografieren. Er hatte recht. Ich war zu nahe bei den Tanzenden.

102 Bushwick im Hintergrund, vorne der Mixer. Eine kleine Zusammenkunft auf einer Bahnüberführung, eine spontane Wochenend-Situation.

111 Siehe die Anmerkung zu S. 18, oben.

112 Bossa Nova Civic Club an einem sehr leeren Morgen.

123 Hier verrate ich meine eigenen Prinzipien, was das Fotografieren angeht, aber ich wollte mich einfach an diese beiden Raverïnnen beim Küssen im frühen Morgenlicht, das vom Ruhebereich im Hof hereinströmt, erinnern können. Gelüste.

131 Wie sich Xeno-Euphorie anfühlt, wenn man nicht stillstehen kann.

132 o. Wenn alles vorbei ist. Als ich mir das Bild später angeschaut habe, sah ich, dass jemand eine kleine Ravetasche auf dem Tisch vergessen hatte.

132 u. Unter der Woche im Bossa, mal wieder.

143 o. Der Ambient Room. Liege auf der Matte, zwischen zwei Pärchen in intimer Verklammerung. Immer wenn ich meine Augen schließe, kommt irgendeine gute Seele, um nachzusehen, ob alles o.k. ist. Mir geht es prima, Sweetie, brauch nur eine Pause.

143 u. Brüste frei für Takaaki Itoh. Der Versuch, den Lichtstrahl zu fotografieren, der aus der Lücke im Vorhang über meinem Körper dringt.

144 Bushwick, morgens.

154 Vogelrave in der Morgendämmerung. Wenn die Vögel raven, rempeln sie sich nicht mal an.

190-1 Manchmal dreht sich alles nur um die innigen Augenblicke im Off, jenseits der Tanzfläche.

Viele dieser Begriffe habe ich von anderen gesampelt und abgewandelt.

Begriff

Ein guter Fakt bringt meistens die Wahrheit über etwas Spezifisches auf den Punkt; ein guter *Begriff* bringt manchmal die Wahrheit über etwas Allgemeines auf den Punkt. Der Fakt ist eine Note, der Begriff ein Akkord. Manchmal nehmen sie Sondierungen vor, als *Resonante Abstraktionen*.

Coworkerïn

Ein Soziotyp, den Raverïnnen erfunden haben, um damit bestimmte Nicht-Raverïnnen zu bezeichnen. Für Coworkerïnnen ist der Rave ein Freizeitvergnügen außerhalb der Arbeitszeit. Sie neigen dazu, übermäßig enthusiastisch zu sein. Sie werden ihren Kollegïnnen am Montagmorgen Geschichten vom Wochenende erzählen. Eine Coworkerïn verspürt kein Bedürfnis in die K-Zeit einzutauchen, um sich mit den dort existierenden dissoziativen ästhetischen Zuständen zu beschäftigen.

Femmunismus

Eine kollektive Verfasstheit, die aus einer *konstruierten Situation* hervorgeht, und in der eine Männlichkeit, die sich als Herrschaftsform versteht, aufgrund ihrer technischen Obsoleszenz abgeschafft worden ist. Wird teilweise durch *Positive Diskriminierung* verwirklicht. Besitzt nicht notwendigerweise *Stetigkeit*, keine Erinnerung, keine Beziehung zu einer wünschenswerten Zukunft, und tritt nur sporadisch in Erscheinung. Dann, wenn Mädels mit ihrer Bande den Rave lostreten, wenn *Ravespace*, *Gelüste*, und *Xeno-Euphorie* sich unter ihnen abspielen können. Kein Utopia, weil immer noch alles komplett schiefgehen kann. Rührt an den Begriff der *Umgebung*.

Gelüste

Eine von verschiedenen dissoziativen Ästhetiken die sich in der K-Zeit einfinden können. Den Körper als intensives Zentrum expansiver Lust zu fühlen, dem *Stetigkeit* gleichgültig ist. Ein Verlangen, das sich vom *Ravespace* darin unterscheidet, dass es eine Dissoziation ist, die sich von der Subjektivität ab, aber zum Fleisch hinwendet. Unterscheidet sich auch von der *Xeno-Euphorie*, da es nicht mit der Fremdartigkeit kokettiert, sondern mit den ordinärsten Wesenszügen eines Säugetiers. Vielleicht sind dies alle Stadien der »Resoziation«, falls jemand diese Praktiken mal weiter auf ihre Begriffe hin entwickeln sollte.

Junkspace

Urbane Umwelten, die sich in der Schwebe zwischen obsolet gewordenen Nutzungsarten und neuen Anwendungsformen befinden. Wo der städtische Wille zu einer schlüssigen räumlichen Planung versagt. Gute Orte für *konstruierte Situationen*, die aber zwangsläufig der *Stilaneignung* zum Opfer fallen.

Konstruierte Situation

In einer Situation nimmt Handlungsmacht, agency, eine konkrete Form an, die ihrem Ausdruck ein Gepräge verleiht. In einer *konstruierten Situation* kommen eine gewisse Gerichtetheit und Fertigkeit dazu, mit der die Handlungsmacht ihren Eigensinn und ihre Erfordernisse manifestiert. Das spezifische Milieu, das der Rave als konstruierte Situation hervorzubringen versucht, ist *K-Zeit.*

K-Zeit

Das, was die *konstruierte Situation* eines Raves hervorzubringen versucht. *K-Zeit* ist Maschinenzeit, bis zu dem Moment intensiviert, in der sie sich von einem Zustand der Dauer loslöst und den Körper seitwärts mitnimmt, auf den Weg zu *Gelüsten*, *Ravespace*, *Xeno-Euphorie*, oder ganz anderen, noch unbenannten Ästhetiken – die weder Erinnerungen noch Erwartungen kennen. Eine dissoziative, eine Ketamin-Zeit. K-Zeit-Momente scheinen auf, um mit dem *Ravekontinuum* zu verschmelzen.

Positive Diskriminierung

Der Zugang über die Schwelle zu *konstruierten Situationen,* der bewusst denen gewährt wird, die ihn am meisten brauchen, auf dass uns ein Hauch von *Femmunismus* für einen Moment zuteil werde, dass wir die *Umgebung* spüren können, bevor die *Stilaneignung* alles zunichtemacht.

Punisherïn

Ein Soziotyp, mit dem Raverïnnen in erster Linie einen Typus von Nicht-Raverïnnen bezeichnen. Damit sind häufig, aber nicht ausschließlich, weiße, heterosexuelle Cismänner gemeint. Die aus dem Raum eine Bühne machen, welche ausschließlich dem eigenen Vergnügen dient, die nichts beisteuern, und ständig im Weg stehen. Die unangenehmsten *Punisherïnnen* kommen aus dem Inneren der Szene, ihre selbsternannte Polizei. Ihnen allen geht der *Femmunismus* aus dem Weg, indem er in der *Umgebung* Zuflucht findet.

Ravekontinuum

Jeder gute Rave, der jemals stattfand oder stattfinden wird, steht in Kontakt zum Ravekontinuum, einer Zeit, die jenseits aller anderen Zeitformen existiert. Das Kontinuum faltet Momente der *K-Zeit* ineinander, sodass sich ihre verschiedenen Tracks mischen. *Raverïnnen* nehmen es als eine durchgängige Zeit wahr und wer kann schon behaupten, dass es anders wäre? Das Ravekontinuum kann sich der *Sidechain-Zeit* öffnen, die die historische Zeit wie eine Reihe von Kickdrum-Beats stummschaltet, sodass Raves in die *Umgebung* klingen, durch das Gerede hindurch.

Raverïn

Ein Soziotyp, der auf Selbstidentifikation basiert. Diejenigen, die wirklich Raven müssen. Die *K-Zeit* suchen, *Ravespace*, *Gelüste*, und/oder *Xeno-Euphorie* brauchen. Oder vielleicht ganz andere Zustände, die ich noch nicht beobachtet habe, oder die bis jetzt noch niemandem untergekommen sind. Raverïn sein heißt, mit *Punisherïnnen*, *Coworkerïnnen* und allen möglichen anderen Soziotypen wie Club Kids, Barfußtänzerïnnen, Circuit Gays usw. Gemeinsamkeiten zu haben, und doch ganz anders zu sein.

Ravespace
Eines von mindestens drei Bedürfnissen, warum es *Raverinnen* zu Raves als *konstruierter Situation* hinzieht. Wenn die *K-Zeit* abläuft – dann kann man sich sicher sein, dass *Ravespace* nicht weit ist. Dissoziation in ein Dasein zugleich innerhalb und außerhalb des Körpers, befreit vom Selbstsein. Im Unterschied zu *Gelüsten,* der Dissoziation aus dem Selbst in den Köper, und *Xeno-Euphorie*, der Dissoziation aus dem Selbst ins fleischlich Andere.

Resonante Abstraktionen
Setz deinen Körper Situationen aus, die Sinneseindrücke erzeugen, welche als Wahrnehmungen beschrieben werden, um dann zu *Begriffen* zu gerinnen, die wie gesichtslose Figuren in einem Autotheorietext fungieren. Alle *Begriffe* in diesem Glossar fallen darunter.

Sidechain-Zeit
Die Zeit der kollektiven, weltgeschichtlichen Dissoziation. Jeder Rave im *Ravekontinuum* fungiert als Sidechain zu einem *K-Zeit*-Signal, präzise und klar, den Lärm der historischen Zeit durchschneidend, der zur Stille komprimiert wird, jedoch nur solange der Rave anhält. Das Ravekontinuum findet statt und fühlt sich wie ein gleichförmiger Technobeat an, da jeder Rave alle anderen Zeitformen sidechained, so dass er sich seitwärts in die *Umgebung* ausbreiten kann.

Stetigkeit
Die Zeit des Begehrens, die Zeit der Geschichte, die sich heute wie die Narbe vereitelter Zukünfte anfühlt; *Gelüste, Xeno-Eupho-*

rie und *Ravespace* hingegen wohnen der *K-Zeit* inne, einer Zeit, die die *konstruierte Situation* seitwärts geöffnet hat. Anstelle von *Verstetigungs*praktiken, lockt die *K-Zeit* Raverïnnen in die endlichen, losgelösten Seitwärts-Zeiten, die der Theologie des »glücklich bis ans Ende ihrer Tage«-Seins abgeschworen haben.

Stilaneignung

Die Kommodifizierung von Haltungen, die aus *konstruierten Situationen* heraus entstanden sind. Eine gewinnorientierte Vorgehensweise, die *Junkspace* in wertvolles Grundeigentum verwandelt. *Positive Diskriminierung* dient denen, deren Stil angeeignet wird, nur teil- und zeitweise als Hilfsmittel, da sie zwar den *Femmunismus* ermöglicht, doch vielleicht nur in *K-Zeit*.

Umgebung

Der Zufluchtsort jenseits dessen, was überwacht, gemaßregelt und kontrolliert werden kann, und dessen Wesensform das Schwarzsein ist. Der vielleicht an den *Femmunismus* rührt, mit dem er sich, falls er dazu aufgefordert wird, vermischen kann.

Xeno-Euphorie

Ausdruck körperlichen Wohlbefindens, der sich nur mithilfe externer Wirkstoffe erreichen lässt, welche im gleichen Zug euphorische Zustände willkommener Fremdartigkeit hervorrufen. Ein Bedürfnis, das sich vom *Ravespace* oder *Gelüsten*, die sich aus *konstruierten, K-Zeit* generierenden *Situationen* derivieren lassen, unterscheidet, aber mit ihnen kombinierbar ist.

---

1 Zu Aufstieg und Fall der Ecstasy-Ära-Raves, siehe Silcott (1999), Collin (1999) und (2018) und Reynolds (2012). Holman und Zawadzki (2022) liefern eine sorgfältige Dokumentation und Beschreibung der nordenglischen Szene. Es gibt hier keine Buchrezensionen, weil das eine andere Art von Buch ist. Man denke sich diese Anmerkungen als sowas ähnliches. Oder als Leseliste. Oder als Momentaufnahmen meines Zimmers während unterschiedlicher Stadien dieser Arbeit, inmitten von Bücher- und Kopienstapeln, sogar im Bett, wo ich oft arbeite.

2 Zu städtischen Subkulturen und Musik, siehe Hebdige (1983), Chambers (1985), McKay (1996), Gilbert and Pearson (1999), St. John (2009) und Thornton (1996).

3 Für mich ist der Klassiker einer teilnehmenden Beobachtung immer noch Becker (1973). Siehe auch Esther Newton (1979), ihre bahnbrechende, queere Ethnographie. Ich lerne stetig von meinem Kollegen an der New School, Terry Williams. Siehe Williams (2022), auch wenn seine und die Begegnungen seiner Studierenden mit dem Trans-Nightlife mehr über Cis-Menschen aussagen als über uns.

4 Hinsichtlich der operativen Skizze als Methode habe ich eine Menge von Ahmed (2006) und Salamon (2010) gelernt. Gayle Salamons Lesart von Maurice Merleau-Pontys Phänomenologie des Körpers hat mich beeinflusst, doch im vorliegenden Buch suche ich nach Grenzfällen, insbesondere transsexueller Verkörperung oder Raverïnnen-Verkörperung, die diese Konzepte überschreiten könnten.

5 Autofiktion ist für mich eine Form des Schreibens für jene, denen der bürgerliche Roman nur selten Platz eingeräumt hat: die Nicht-Hetero, Nicht-Weiß, Nicht-Männlich, Nicht-Cis. Diejenigen, die sich nicht hinter dem Alibi der Fiktion verstecken können, so als ob man von ihresgleichen sagen könne, sie existierten bereits, sondern die ihre Welt erst ins Dasein schreiben müssen, unter ihrem eigenen Namen. Siehe zum Beispiel Genet (1976), Dustan (2021) und Lorde (2012).

6 Siehe Fournier (2021). Wie bei der Autofiktion gibt es eine Menge möglicher Begriffsgeschichten zur Autotheorie. Zufällig liegt mir die feministische von Fournier. Der ich die frühen Schriften von Susan Stryker (1998) und (2008) und Paul B. Preciado (2016) hinzufügen würde.

7 In *Energy Flash* stellt Simon Reynolds (2012) die These auf, dass der Begriff *Rave* für Parties, die die ganze Nacht dauern, westindische Wurzeln hat. Siehe Steve McQueen (2020), ein liebevoll gemachter Film, der in weiten Teilen auf einer Westindischen Hausparty in London spielt.

8 Zu queeren Anwendungsformen von Tanzmusik, siehe Adayemi (2021), Geffen (2020), Lawrence (2004) und (2016), Salkind (2019), Buckland (2002) und Garcia (2014).

9 Brown Jr. (2022). Dieses und die meisten anderen Zitate sind wie Samples eingeschnitten, editiert und verdichtet. Für DeForrest ist Techno eine spezifisch afroamerikanische Musik aus einer Serie von Formen, die sich aus der Erfahrung der Sklaverei entwickelt haben. Andere folgen Paul Gilroy darin, Schwarze Musikkultur in eine diasporische Perspektive zu setzen. Siehe Gilroy (2010). Zu *Blackness* und Tanzmusik, siehe auch Miller (2004), Tate (2016), Eshun (1999), Brar (2021), Goodman (2010) und Muggs (2020).

10 Dissoziation als Ästhetik und nicht pathologisch zu aufzufassen ist eine Praxis, bei der ich Hilfe von anderen Trans-Autorïnnen hatte. Siehe Wallenhorst (2021) und Markbreiter (2018).

11 Zu Behinderung und Raves, siehe Beery (2022).

12 Harney und Moten (2016), S. 13f. *Undercommons* ist der bekannteste Begriff (falls es denn ein Begriff ist) aus diesem Text, aber ich möchte stattdessen die *Umgebung* erkunden. Siehe auch Moten (2003).

13 Harney und Moten (2016), S. 54f.

14 Zu Schwarz-sein, Trans-sein und Sound, siehe Weheliye (2005) (in dem Trans-sein nicht sonderlich gut wegkommt). Zu Schwarz-sein und Trans-sein, siehe Snorton (2017), Gossett, Standley und Burton (2017), Bey (2022), Stanley (2021), Stallings (2015), moore (2018) und von Reinhold (2024).

15 Sadler (1999), Koolhaas (2017) und Prestsæter (2020).

16 Situationistische Praktiken (vielleicht mehr als Theorien) haben ihren Weg in anarcho-inspirierte Free-Rave-Bewegungen gefunden. Siehe zum Beispiel Harrison (2022).

17 Morgan Page, @morganmpage, auf *Twitter*, 14. Februar 2020.

18 Gornick (2002).

19 Siehe auch moore (2018) und St. James (1999). [A.d.Ü.]

20 Zur Schwelle und dem Dazwischen, siehe Eyck (2008).

21 Die Dolls, mit ihren eigenen Worten: Lady Chablis (1997), Daelin und Watson (2014), Lake (1996), Newman (2011), Huxtable (2017) und Barton (2020). Die spanischsprachigen Versionen: Ojeda (2016) und Gentili (2022). Ballroom ist eine andere, angrenzende Welt, aber das sind auch keine Geschichten, die ich erzählen kann. Siehe Tucker (2021).

22 Siehe Diana Goetsch (2022) zu ihren Erfahrungen damit, wie sich heteronormative Menschen im New Yorker Nachtleben ins Abenteuer stürzen.

23 Die Zitate von Nick Bazzano stammen aus einem Treffen, um uns für die »Acid Communism«-Konferenz im Haus der Kulturen der Welt in Berlin vorzubereiten. Die Idee war, dass die Konferenz uns eine Ausrede liefern würde, um in den Berliner Clubs aufzuschlagen. Die Pandemie setzte dem ein Ende und ich habe das Event allein per Zoom durchgezogen.

24 Koolhaas (2002), Jameson (2003).

25 Muñoz (2009). Beim Raven könnte es mir um eine Trans-Zeit gehen, die keine queere Zeit ist. Siehe auch Edelman (2004), Halberstam (2005) und Allen (2022).

26 Puar (2011).

27 Zur Berliner Rave-Szene der Neunziger, siehe Denk und von Thulen (2014) und Goetz (2001). Zu Berlins Musikszenen, siehe Hanford (2022).

28 Zum queeren Nachtleben in Sydney, siehe den Roman von Fiona McGregor (2003) und ihr Sachbuch (2021).

29 Walker (2020).

30 Heartscape (2015), S. 64-65.

31 Jessica Dunn Rovinelli, private Kommunikation, 18. Juni 2020, siehe Rovinelli (2019).

32 Zu Verschwendung, siehe Bataille (2021). Die Autorïnnen des »New Narrative« haben mit Bataille einen queeren Ansatz verfolgt. Siehe Boone (2020) und Glück (1985), insbesondere die Sexclub-Szene. Ich muss an dieser Stelle auch den Einfluss von Trieu (2021) erwähnen.

33 Zur Ravekultur während des Lockdowns, siehe van der Heide (2021). Zu New York während des Lockdowns, siehe Moss (2022).

34 Zu den Auswirkungen des Beginns der AIDS-Pandemie auf das queere Leben in New York, siehe Schulman (2013). Zur Entwicklung von Konzepten für eine Pandemie siehe Treichler (1999).

35 Zaveri (2020), Colyar (2020), Lipsky (2021), Witt (2021).

36 Unveröffentlichter Text, gelesen von Hannah im East River Park Amphitheater am 11. August 2021, als ich R getroffen habe. Siehe auch Baer (2021).

37 Für eine humorvolle Darstellung des queeren und Trans-Lebens in Brooklyn, siehe Fitzpatrick (2022).

38 Rose (2020), siehe auch Spade (2023).

39 Angesichts der Umstände eine taktische Umarbeitung von Halls »Sozialismus ohne Garantien«. Hall (2021), S. 183.

40 Zu den grellbunten Plastikbeuteln voll Alkohol mit Fruchtgeschmack, die die New Yorker »Nutcracker« nennen, siehe Herbert (2019).

41 Fulton (2020).

42 Siehe Eichhorn (2016) dazu, wie die Fotokopie das Aussehen urbaner Räume geprägt hat und eine frühe Version eines queeren Stadtlebens ermöglichte.

43 Goetz (2001), S. 81. Komme nicht darum herum, zu denken, dass er ein ziemlicher Punisher bei Raves gewesen wäre. Vor allem gegenüber Frauen.

44 Hab ein Girl in Berlin nach meiner Buchvorstellung getroffen. Wir kamen ins Gespräch und diese Idee ist der Konversation entsprungen. Ich glaube ihr Name war Benjamin. *Thanks, Babe*.

45 Plant (2001). Zum Trans-Schreiben zu Drogen siehe Baer (2019), Wark (2023).

46 Zu dieser Ära ohne Begehren oder Geschichte, siehe Azuma (2009). Raver:innen sind eine stärker verkörperte, (manchmal) weniger maskuline, weniger zurückgezogene Umkehrung des Otaku als Sozialtyps, vielleicht.

47 Fisher, »Acid Communism«, in: Fisher (2020), S. 569-603. Jeremy Gilbert sagt, dass Teile seiner Arbeit und Ideen in diesem Entwurfsdokument gelandet sind. Siehe Gilbert (2017).

48 Vitos (2014).

49 Siehe Niermann und Simon (2017), Adamczak (2007), Otolith Group

(2009).

50 Das Wortspiel »Pound you like no Jack's Hammer« ist zu meinem großen Bedauern leider unübersetzbar. [A.d.Ü.]

51 Preciado (2003), Plant (1999).

52 Fisher, »Raus aus dem Vampirschloss,« in Fisher (2020), S. 546-561. Ich fühle Marks Schmerz in diesem Aufsatz. Ich habe ihn dahingehend umgedeutet, dass ich die Punisherïnnen, die über die Stränge schlagen und die, die anklagen, jeweils zusammen gruppiert habe.

53 Gabriel (2021), S. 82. Die Traumgedichte in diesem Buch sind der kollektive, psychogeographische *rêve* einer Kartierung von Brooklyn, der sich gar nicht so sehr von dem dieses Buches unterscheidet.

54 Zu House, siehe Salkind (2019), Bidder (2001), Cowley (2019), und für einen Einblick in die transsexuelle House Musik Szene in New York, siehe Thaemlitz (2016).

55 Adorno (2001), S. 34.

56 moore (2021), S. 9.

57 Sandy Stone, in einem Facebook-Kommentar, Datum unbekannt.

58 thunderfunk (2021), S. 28. Ich schulde Tim viel für sein Buch, gelegentliche Gespräche, den Discord-Server, den er betreut und dafür, dass er so ein großartiger Raver zum daneben tanzen ist.

59 Serrano (2016).

60 Dean (2010). Dieser Text kann als Antwort auf sie gelesen werden, zu Meditation und dem Verfall symbolischer Effizienz.

61 Ngai (2015).

62 Burial, featuring The Space Ape (2014).

63 Mit der Bitte um Entschuldigung an Walter Benjamin. Das könnte das sein, was das Schreiben für Kathy Acker war; siehe Acker (2006).

64 Zu den Methoden der Rave-Ethnographie siehe O'Grady (2013).

65 Zu Erkenntnis, Affekt und Begriff, siehe Deleuze und Guattari (2000).

66 Zu einer trans-sensiblen Autofiktion, siehe Fleishmann (2017), Sycamore (2020), Huxtable (2017), Stryker (1998) und (2008).

67 Asger Jorn und Noël Arnaud (1968) waren hier das Vorbild. Als Parodie auf Levi-Strauss' Strukturale Anthropologie zeigt das Buch »Verwandtschaftsdiagramme« der Boheme im Quartier Latin; im Grunde schlafen alle mit allen.

68 Zur Problematik einer nicht auf Haftstrafen basierenden Form queergemeinschaftlicher Rechtsprechung, siehe Schulman (2016), Thom (2019) und Heartscape (2015).

69 Zur Pflege sozialer Kontakte im Zeitalter des Social Media Elends, siehe Nakamura (2007), Lovink (2017) und Chun (2021).

70 Zur Psychogeografie New Yorks siehe Solnit (2019).

71 Zitiert in Stosuy (2018).

72 Ein paar Einblicke in das Leben weißer Transmädels in Brooklyn finden sich bei Binnie (2013) und Peters (2021). Siehe auch die bisher noch-nicht-gesammelten Schriften der späten Bryn Kelly und den Podcast von Macy Rodman und Theda Hammel (2018-20).

73 Bergsonist & Speaker Music (2020).

74 Siehe van Veen (2010).

75 Zu »Sozialtypen« und Interaktionen in urbanen, kommerzialisierten Freizeitarealen, siehe Clark (1999) und Benjamin (1974).

76 Die zitierte Quelle spricht von »Bergheim«, gemeint ist der Club »Berghain« – es bleibt offen, ob es sich um Satire oder einen Lapsus handelt, der in der Szene ebenso klischeebehaftet ist, wie dessen Korrektur. [A.d.Ü.]

77 Zusammengefasst aus Rodman (2000).

78 Siehe dazu das autofiktionale Zeugnis des Lebens einer Brooklyner Stil-Aneignerin: Segal (2020).

79 Dazu, die ältere Raverin zu sein, siehe O'Grady und Madill (2019), Bentley (2019) und Bell (2018).

80 Siehe Alabanza (2021), ein Stück für eine Schauspielerin, welches in einer Club-Toilette in einem Hetero-Club in London spielt, mit getrennten Toiletten, was bei queeren Raves in New York nicht der Fall ist.

81 Huxtable (2017), S. 91.

82 Man könnte sich die Psychographie des Nachtlebens in Brooklyn sowohl vergleichend wie auch historisch vorstellen. Siehe, zum Beispiel, Hossfeld Etyang, Nyairo und Sievers (2021), Fernández Pan, Jiménez (2021), Saldanha (2007) und Kontra (2021).

83 Eine These, die viele auf der »Nightlife Townhall« äußerten, die bei Nowadays stattfand, organisiert von Miss Parker und T.T.Britt, soundcloud.com/djmissparker/nowadays-nightlife-townhall-audio.

84 Moskowitz (2018), S. 183f. Zur Gentrifizierung New Yorks, siehe auch Moss (2017). Zur urbanen Extraktion, siehe auch Pasquinelli (2009).

85 Raunig (2015).

86 Mak (2019).

87 Für eine kurze Tour durch (westliche) Fotografie des Nachtlebens, wo sich Queer- und Transpersonen finden könnten, siehe Brassaï (2013), van der Elsken (1956), Strömholm (2011), Goldin (2019), Rivera (202), Bratton (2014) und das Zine *Real Cool Time*, produziert von J. Jackie Baier (2014-2019), fotografie.jackiebaier.de.

88 Die armseligen Beiträge der Queer Theorie zu *Paris Is Burning* und Ballroom im Allgemeinen wären ein eigenes Essay wert. Zu Ballroom, siehe stattdessen Tucker (2021). Zum Schwarzsein, Schwarzem Feminismus, Schwarzem Queersein und Schwarzer akustischer Ästhetik habe ich neben Weheliye (2005) viel von Brooks (2021), Campt (2017), Duplan (2020), Nyong'o (2018) und Russell (2021) gelernt.

89 moore (2021).

90 Davis (2022).

91 Russom (2021), S. 115.

92 Siehe Sicko (2010). In Bezug auf den politisch-ökonomischen Kontext von Detroit sollten wir nicht die Geschichte der revolutionären Arbeitskämpfe aussparen, siehe Georgiakis und Surkin (2012).

93 Wahrscheinlich eher nicht. Einige Wochen später sahen wir den Typ wieder bei dem gleichen Rave, wie er sich an die Tanzenden presste. Diesmal mit einer Jacke überm Arm, vielleicht um zu verbergen, dass sein Schwanz raushing. Er drückte sich an mich. Und gleich ein weiteres Mal. Also hab ich ihm eine gescheuert. Woraufhin er mich anschrie, was für ein »schlechter Mensch« ich sei, und dabei seinen ganzen Körper gegen mich presste. Du hast mich an der Hand genommen und von der Tanzfläche gebracht. Er folgte uns erst, dann ließ er es sein. Ich sagte einer befreundeten Person, die auf der Party arbeitete, Bescheid, aber da hatte er sich schon verdünnisiert.

94 Mich fasziniert die Version der Geschichte vom Minotaurus und dem Labyrinth, die sie als Reminiszenz der provinziell-griechischen Ehrfurcht vor der Minoischen Metropole liest: Nicolai und Wenzel (2012).

95 Ein Recording des Sets: Lychee (2021).

96 Manche Raves haben nichts gegen den Gebrauch anderer Drogen;

diese ausgenommen, da sie umstritten ist. Siehe Blanchard (2020).

97 Zur Geschichte und Kunst des DJings, siehe Brewster und Broughton (2000).

98 Ein Recording des Sets: Itoh (2023).

99 Vadim (1968). In den Film-Credits wird die Figur Durand-Durand genannt; ich ziehe die Schreibweise vor, die die New Romantic Pop-Band aus den Achtzigern verwendet hat.

Das Gerät, im Original als »Excessive Machine« bezeichnet, heißt in der deutschen Synchronisation des Films »Genussorgel«. [A.d.Ü.]

100 Ich habe viel davon gelernt, wie der späte Randy Martin über Kinästhesie als postkapitalistische Allegorie gedacht hat. Siehe Martin (2015).

101 Zu Hyperstition, siehe Eshun (1999), zu Hauntologie, Fisher (2013).

102 »Kollaborative filtration« ist ein Begriff, den Geert Lovink benutzt, um die gemeinschaftliche Arbeit des Gebrauchs von Social Media beim Generieren nützlicher Begriffen und Informationen zu beschreiben. Siehe Lovink (2004).

103 Hutchinson (2021), S. 53.

104 Underground Resistance (1988).

105 Isham (2021).

106 Robinson (2000).

107 Chude-Sokai (2015).

108 Theweleit (1977-78), Hocquenghem (2019).

109 Zu den Rändern der Bildfläche, siehe Galloway (2012).

110 Ich habe versucht, dafür eine andere Begrifflichkeit zu entwickeln, in Galloway, Thacker und Wark (2013).

111 Debord (2023).

112 Rosenberg (2021).

Bibliographie

Kathy Acker (2006), *Bodies of work*, London.

Bini Adamczak (2007), *gestern morgen – Über die Einsamkeit kommunistischer Gespenster und die Rekonstruktion der Zukunft*, Münster.

Kemi Adayemi, Kareem Khubchandani, Ramon H. Rivera-Servera, (Hg.) (2021), *Queer nightlife*, Ann Arbor MI.

Theodor W. Adorno (2001), »Über den Fetischcharakter der Musik«, in: ders., *Gesammelte Schriften in 20 Bänden*, Bd. 14, *Dissonanzen-Einleitung in die Musiksoziologie*, Frankfurt am Main, S. 14-50.

Sarah Ahmed (2006), *Queer phenomenology – orientations, objects, others*, Durham NC.

Travis Alabanza (2021), *Overflow, Bush theatre and Mathuen drama*, London.

Jafari Allen (2022), *There's a disco ball between us – a theory of black gay life*, Durham NC.

Hiroki Azuma (2009), *Otaku – Japan's database animals*, Minneapolis MN.

Hannah Baer (2021), »Dance until the world ends«, in: *Artforum*, Jg. 60, Nr. 4, www.artforum.com/print/202110/hannah-baer-on-rave-and-revolution-87233.

– (2019), *Trans girl suicide museum*, Los Angeles CA.

J. Jackie Baier (2014-2019), *Real cool time*, Nr. 1-12, Berlin.

Joss Barton (2020), *The summer I got bit*, St. Louis MO.

Georges Bataille (2021), *Der verfemte Teil*, Berlin.

Howard Becker (1973), *Außenseiter. Zur Soziologie abweichenden Verhaltens*, Frankfurt am Main.

Zoë Beery (2022), »Crip rave is the revolutionary collective prioritizing accessibility«, *Resident Advisor*, 26. Mai 2022. ra.co/features/4000.

Julia Bell (2018), »Really techno«, *White Review*, Juni 2018, www.thewhitereview.org/feature/really-techno.

Walter Benjamin (1974), *Charles Baudelaire*, Frankfurt am Main.

Donna Cynthia Bentley (2019), »Have things really changed or is it just me? Ageing and dance music culture«, in: *Dancecult*, Jg. 11, Nr. 1, S. 97-100, doi: 10.12801/1947-5403.2019.11.01.15

Bergsonist & Speaker Music (2020), *Sublime language of my century*, Album, New York NY.

Marquis Bey (2022), *Black trans feminism*, Durham NC.

Sean Bidder (2001), *Pump up the volume – a history of house music*, London.

Imogen Binnie (2013), *Nevada*, New York NY.

Sessi Kuwabara Blanchard (2020), »Banning ghb at raves is dangerous«, *Filter*, 11. Februar 2020. filtermag.org/ghb-ban-raves.

Bruce Boone (2020), *Dismembered – selected poems, stories, and essays*, Callicoon NY.

Dhanveer Singh Brar (2021), *Teklife/Ghettoville/Eski – the sonic ecologies of black music in the twenty-first century*, London.

Brassaï (2013), *Flaneur durch das nächtliche Paris*, München.

Elegance Bratton (2014), *Bound by night*, Portland OR.

Bill Brewster, Frank Broughton (2000), *Last night a DJ saved my life – the history of the disc jockey*, New York NY.

Daphne A. Brooks (2021), *Liner notes for the revolution – the intellectual life of black feminist sound*, Cambridge MA.

DeForrest Brown Jr (2022), *Assembling a black counter-culture*, New York NY.

Fiona Buckland (2002), *Impossible dance – club culture and queer world-Making*, Middletown CT.

Burial, featuring The Space Ape (2014), »Space Ape«, *Hyperdub Records*, London, hyperdub.bandcamp.com/track/burial-spaceape.

Tina Campt (2017), *Listening to images*, Durham NC.

Iain Chambers (1985), *Urban rhythms – pop music and popular culture*, New York NY.

Louis Chude-Sokai (2015), *The sound of culture – diaspora and black technopoetics*, Middletown CT.

Wendy Hui Kyong Chun (2021), *Discriminating data*, Cambridge MA.

T. J. Clark (1999), *The painting of modern life – painting in the art of Manet and his followers*, Princeton NJ.

Matthew Collin, John Godfrey (1999), *Im Rausch der Sinne – Ecstasy-Kultur und Acid House*, Innsbruck.

Matthew Collin (2018), *Rave on – global adventures in electronic dance music*, London.

Brock Colyar (2020), »New York nightlife never stopped«, *New York Magazine*, 23. November 2020, www.thecut.com/2020/11/nyc-underground-nightlife-covid-19.html.

Patrick Cowley (2019), *Mechanical fantasy box – the homoerotic journal*, San Francisco CA.

J. Daelyn, Tenika Watson (2014), *My life is no accident*, Middletown CT.

Heather Davis (2022), *Plastic matter*, Durham NC.

Jodi Dean (2010), *Blog theory – feedback and capture in the circuits of the drive*, Cambridge.

Guy Debord (2023), »Der kranke Planet«, in: ders., *Texte nach der Situationistischen Internationale*, Wien.

Gilles Deleuze, Félix Guattari (2000), *Was ist Philosophie?*, Frankfurt am Main.

Felix Denk, Sven von Thulen (2014), *Der Klang der Familie – Berlin, Techno und die Wende*, Frankfurt am Main.

Anaïs Duplan (2020), *Blackspace – on the poetics of an afrofuture*, Boston MA.

Guillaume Dustan (2021), *The works of Guillaume Dustan*, Bd. 1, Los Angeles CA.

Lee Edelman (2004), *No future – queer theory and the death drive*, Durham NC.

Kate Eichhorn (2016), *Adjusted margin – xerography, art, and activism in the late twentieth century*, Cambridge MA.

Kodwo Eshun (1999), *Heller als die Sonne – Abenteuer in Sonic Fiction*, Mannheim.

Aldo van Eyck (2008), *The child, the city, and the artist*, Amsterdam.

Sonia Fernández Pan, Carolina Jiménez (Hg.) (2021), *You got to get in to get out*, Madrid.

Mark Fisher (2020), *k-punk – Ausgewählte Schriften 2004-2016*, Berlin.

– (2013), »The metaphysics of crackle – afrofuturism and hauntology«, *Dancecult*, Jg. 5, Nr. 2, 2013, S. 42-55, doi: 10.12801/1947-5403.2013.05.02.03

Cat Fitzpatrick (2022), *The call out*, New York NY.

T. Fleishmann (2017), *Time is the thing a body moves through – an essay*, Minneapolis MN.

Lauren Fournier (2021), *Autotheory as feminist practice in art, writing, and criticism*, Cambridge MA.

Nick Fulton (2020), »Jasmine Infiniti makes deliciously dark, apocalyptic rave music«, *i-D/Vice*, 2. April 2020, i-d.vice.com/en_uk/article/ v74kej/ jasmine-infiniti-makes-deliciously-dark-apocalyptic-rave-music.

Kay Gabriel (2021), *Kissing other people or the house of fame*, Sydney.

Alexander Galloway (2012), *The interface effect*, Cambridge.

– (2013), mit Eugene Thacker, McKenzie Wark, *Excommunication – three inquiries in media and mediation*, Chicago IL.

Luis-Manuel Garcia (2014), »An alternate history of sexuality in club culture«, *Resident Advisor*, 28. Januar 2014. ra.co/features/1927.

Sasha Geffen (2020), *Glitter up the dark – how pop music broke the binary*, Austin TX.

Jean Genet (1976), *Notre Dame des Fleurs*, Hamburg.

Cecelia Gentili (2022), *Faltas – letters to everyone in my hometown except my rapist*, New York NY.

Dan Georgiakis, Marvin Surkin (2012), *Detroit – I do mind dying*, Chicago IL.

Jeremy Gilbert (2017), »Psychedelic socialism«, in: *Open Democracy*, 22. September 2017. www.opendemocracy.net/en/psychedelic-socialism.

– (1999) mit Ewan Pearson, *Discographies – dance music, culture, and the politics of sound*, London.

Paul Gilroy (2010), *Darker than blue*, Cambridge MA.

Robert Glück (1985), *Jack the modernist*, New York NY.

Diana Goetsch (2022), *This body I wore*, Farrar, New York NY.

Rainald Goetz (2001), *Rave*, Frankfurt am Main.

Nan Goldin (2019), *The other side*, Göttingen.

Steve Goodman (2010), *Sonic warfare – sound, affect, and the ecology of fear*, Cambridge MA.

Vivian Gornick (2002), *The situation and the story – the art of personal narrative*, New York NY.

Reina Gossett, Eric A. Stanley, Johanna Burton (Hg.) (2017), *Trap door-trans cultural production and the politics of visibility*, Cambridge MA.

Jack Halberstam (2005), *In a queer time and place*, New York NY.

Stuart Hall (2021), *The hard road to renewal*, London.

Paul Hanford (2022), *Coming to Berlin*, Kent.

Stefano Harney, Fred Moten (2016), *Die Undercommons – Flüchtige Planung und schwarzes Studium*, Wien.

Harry Harrison (2022), *Dreaming in yellow – the story of the diy sound system*, London.

Porpentine Charity Heartscape (2015), »Hot Allostatic Load«, *New Inquiry*, 11. Mai 2015, thenewinquiry.com/hot-allostatic-load/.

– (2017) *Psycho nymph exile*, London.

Dick Hebdige (1983), »Subculture – Die Bedeutung von Stil«, in: Diedrich Diederichsen, Dick Hebdige, Olaf Dante Marx, u. a., *Schocker – Stile und Moden der Subkultur*, Hamburg, S. 8-120.

David Herbert (2019), »On the trail of New York's nutcracker kings«, *New York Times*, 13. Juni, 2019.

Guy Hocquenghem (2019), *Das Homosexuelle Begehren*, Hamburg.

Jamie Holman, Alex Zawadzki (Hg.) (2022), *Parties for the people by the people*, London.

Johannes Hossfeld Etyang, Joyce Nyairo, Florian Sievers (Hg.) (2021), *Ten cities – clubbing in Nairobi, Cairo, Kyiv, Johannesburg, Naples, Berlin, Luanda, Lagos, Bristol, Lisbon. 1960-March 2020*, Leipzig.

Frankie Decaiza Hutchinson (2021), »Club activism is crucial but will never be enough«, in: Sonia Fernández Pan, Carolina Jiménez (2021), S. 52-63.

Juliana Huxtable (2017), *Mucus in my pineal gland*, New York NY.

Sultana Isham (2021), »Noise Is the nigga of sound«, *e-flux Journal*, Nr. 117, April 2021, www.e-flux.com/journal/117/387112/noise-is-the-nigga-of-sound

Takaaki Itoh (2023), *Locked Groove Transmission #02*, soundcloud.com/lockedgroovebk/locked-groove-transmission-02-takaaki-itoh-part-1-of-2.

Fredric Jameson (2003), »Future city«, *New Left Review*, Nr. 21, Mai/Juni, newleftreview.org/issues/ii21/articles/fredric-jameson-future-city.

Asger Jorn, Noël Arnaud (1968), *La langue verte et la cuite. Étude gastrophonique sur la marmythologie musiculinaire*, Paris.

Heinrich von Kleist (1810), »Ueber das Marionettentheater (Beschluß.)«, in: ders., *Berliner Abendblätter*, 66. Blatt, 15. Dezember 1810, Berlin, S. 259-261.

Gabriela Kontra (Hg.) (2021), *Location TBA – temporary utopias of prague raves 2015-2020*, Prag.

Rem Koolhaas (2002), »Junkspace«, *October*, Nr. 100, Frühjahr, S. 175-190.

– (2017) »Interview«, in: Laura Stamps (Hg.), *Constant – new Babylon. To us, liberty*, Ostfildern.

Lady Chablis (1997), *Hiding my candy – the autobiography of the Grand Empress of Savanah*, New York NY.

Bambi Lake, mit Alvin Orloff (1996), *The unsinkable Bambi Lake*, San Francisco CA.

Tim Lawrence (2016), *Life and death on the New York dance floor, 1980-1983*, Durham NC.

– (2004) *Love Saves the Day – A history of American dance music culture, 1970-1979*, Durham NC.

Jessica Lipsky (2021), »How the illegal rave scene thrives during the pandemic«, *New York Times*, 19. März, www.nytimes.com/2021/03/19/nyregion/illegal-dance-parties-covid-nyc.html.

Audre Lorde (2012), *Zami. Eine neue Schreibweise meines Namens – eine Mythobiografie*, Münster.

Geert Lovink (2004), *My first recession – critical internet culture in transition*, Rotterdam.

– (2017) *Im Bann der Plattformen – Die nächste Runde der Netzkritik*, Bielefeld.

Lychee (2021), *☀ Sunrise at locked groove ☀ 11.13.2021*, soundcloud.com/lycheefrut/lychee-sunrise-at-locked-groove-11132021.

Geoffrey Mak (2019), »In arcadia ego«, *New Models*, 17. Oktober. newmodels.io/editorial/issue-1/10-in-arcadia-ego-geoffrey-mak.

Charlie Markbreiter (2018), »Cruel poptimism«, *New Inquiry*, 31. August. thenewinquiry.com/cruel-poptimism.

Randy Martin (2015), *Knowledge ltd. – toward a social logic of the derivative*, Philadelphia PA.

Fiona McGregor (2021), *Buried, not dead*, Sydney.

– (2003) *Chemical palace*, Sydney.

George McKay (1996), *Senseless acts of beauty – cultures of resistance since the sixties*, London.

Steve McQueen (Regie) (2020), *Lover's rock*, London.

Paul Miller (2004), *Rhythm science*, Cambridge MA.

madison moore (2021), »dark room – sleaze and the queer archive«, *Contemporary Theater Review*, Jg. 31, Nr. 1-2, S. 191-196.

– (2018) *Fabulous – The rise of the beautiful eccentric*, New Haven CT.

– (2021) »Hacking into the Now«, in: *Unter – rave posters*, Nr. 1, 2015-2020, Brooklyn NY.

Peter Moskowitz (2018), *How to kill a city. Gentrification, inequality, and the fight for the neighborhood*, New York NY.

Jeremiah Moss (2022), *Feral City – on finding liberation in lockdown New York*, New York NY.

– (2017) *Vanishing New York – How a great city lost its soul*, New York NY.

Fred Moten (2003), *In the break – The aesthetics of the black radical tradition*, Minneapolis MN.

Joe Muggs (2020), *Bass, mids, tops – An oral history of sound system culture*, London.

José Esteban Muñoz (2009), *Cruising utopia – The then and there of queer futurity*, New York NY.

Lisa Nakamura (2007), *Digitizing race*, Minneapolis MN.

Toni Newman (2011), *I rise – the transformation of Toni Newman*, Los Angeles CA.

Esther Newton (1979), *Mother camp – female impersonators in America*, Chicago Il.

Sianne Ngai (2015), *Our aesthetic categories – zany, cute, interesting*, Cambridge MA.

Olaf Nicolai, Jan Wenzel (2012), *Labyrinth. Ein Buch in vier Vorträgen*, Leipzig.

Ingo Niermann, Joshua Simon (Hg.) (2017), *Solution 275-294 – communists anonymous*, Berlin.

Tavia Nyong'o (2018), *Afro-fabulations – the queer drama of black life*, New York NY.

Alice O'Grady (2013), »Interrupting flow. Researching play, performance and immersion in festival scenes«, *Dancecult* 5, Nr. 1, Mai, S. 18-38. dj.dancecult.net/index.php/dancecult/article/view/353/358

– (2019) und Anna Madill, »Being and performing ›older‹ woman in electronic dance music culture«, *Dancecult* 11, Nr. 1, S. 7-29. doi: 10.12801/1947-5403.2019.11.01.02

Iván Monalisa Ojeda (2016), *Never, ever ever, coming down*, Brooklyn NY.

Otolith Group (2009), *A long time between suns*, Berlin.

Matteo Pasquinelli (2009), *Animal spirits – a bestiary of the commons*, Amsterdam.

Torrey Peters (2021), *Detransition, baby*, New York NY.

Sadie Plant (1999) *Nullen und Einsen – Digitale Frauen und die Kultur der neuen Technologien*, Berlin.

– (2001), *Writing on Drugs*, London.

Paul B. Preciado (2003), *Kontrasexuelles Manifest*, Berlin.

– (2016) *Testo Junkie – Sex, Drogen und Biopolitik in der Ära der Pharmapornografie*, Berlin.

Ellef Prestsæter (Hg.) (2020), *These are situationist times!*, Oslo.

Jasbir Puar (2011), »›Ich wäre lieber eine Cyborg als eine Göttin.‹ – Intersektionalität, Assemblage und Affektpolitik«, transversal texts, 01 2011, transversal.at/transversal/0811/puar/de.

Gerald Raunig (2015), *DIVIDUUM – Maschinischer Kapitalismus und molekulare Revolution*, Bd. 1, Linz.

Shola von Reinhold (2024), *L.O.T.E.*, Leipzig.

Simon Reynolds (2012), *Energy flash – a journey through rave music and dance culture*, New York NY.

– (2013) *Generation ecstasy – into the world of techno and rave culture*, New York NY.

Reynaldo Rivera (2020), *Provisional notes for a disappeared city*, Los Angeles CA.

Cedric Robinson (2000), *Black marxism – the making of the black radical tradition*, Chapel Hill NC.

Macy Rodman (2020), »Berlin«, *Neovaginal dilation expansion pack vol. 1: Berlin*, 4. September, macyrodman.bandcamp.com/album/neovaginal-dilation-expansion-pack-vol-1-berlin.

– (2018-20) und Theda Hammel, *Nymphowars*, Podcast, open.spotify.com/show/1BzoCO242VKeVfd52rupQ6.

Janus Rose (2020), »Janny's delivery service«, *Vice*, 11. Mai, www.vice.com/en/article/5dzm7q/why-im-delivering-baked-goods-pandemic.

Trisha Rose (1994), *Black noise – rap music and black culture in contemporary America*, Hanover NH.

Jordy Rosenberg (2021), »Afterword«, in: Jules Joanne Gleeson, Elle O'Rourke (Hg.), *Transgender Marxism*, London, S. 259-95.

Jessica Dunn Rovinelli (Regie) (2019), *So pretty*, Brooklyn NY.

Legacy Russell (2021), *Glitch Feminismus*, Leipzig.

Gavilán Rayna Russom (2021), »Hostile to categorization – initial elements of a lineage study on ›techno‹«, in: Sonia Fernández Pan, Carolina Jiménez (2021), S. 100-119.

Simon Sadler (1999), *The situationist city*, Cambridge MA.

Gayle Salamon (2010), *Assuming a body – transgender and rhetorics of materiality*, New York NY.

Arun Saldanha (2007), *Psychedelic white – Goa trance and viscosity of race*, Minneapolis MN.

Micah E. Salkind (2019), *Do you remember house? Chicago's queer of color undergrounds*, New York NY.

Sarah Schulman (2016), *Conflict is not abuse*, Vancouver.

– (2013) *The gentrification of the mind*, Berkeley CA.

Emily Segal (2020), *Mercury retrograde*, New York NY.

Julia Serrano (2016), *Whipping girl*, New York NY.

Dan Sicko (2010), *Techno rebels – the renegades of electronic funk*, Detroit MI.

Mireille Silcott (1999), *Rave America – new school dancescapes*, Toronto.

C. Riley Snorton (2017), *Black on both sides – a racial history of trans identity*, Minneapolis MN.

Rebecca Solnit (Hg.) (2019), *Nonstop Metropolis – ein Atlas in Worten*, Hamburg.

Dean Spade (2023), *Solidarisch füreinander Sorgen – Ein Leitfaden für diese Krise (und die nächste)*, Hiddensee.

L. H. Stallings (2015), *Funk the erotic – transaesthetics and black sexual cultures*, Urbana Il.

Erica A. Stanley (2021), *Atmospheres of violence – structuring antagonism and the trans/queer ungovernable*, Durham NC.

James St. James (1999), *Disco bloodbath – a fabulous but true tale of murder in clubland*, New York NY.

Graham St. John (2009), *Technomad*, London.

Brandon Stosuy (2018), »On connecting your work to something bigger – an interview with musician January Hunt«, *Creative Independent*, 27. April, thecreativeindependent.com/people/january-hunt-on-connecting-your-work-to-something-bigger.

Christer Strömholm (2011), *Les amies de Place Blanche*, Paris.

Susan Stryker (2008), »Dungeon intimacies«, *Parallax* 14, Nr. 1, S.36-47.

– (1998) »LA by Night« in: Sara Miles, Eric Rofes (Hg.), *Opposite sex – gay men on lesbians, lesbians on gay men*, New York NY, S. 252–262.

Mattilda Bernstein Sycamore (2020), *The freezer door*, Los Angeles CA.

Greg Tate (2016), *Flyboy 2 – the Greg Tate reader*, Durham NC.

Terre Thaemlitz (2016), *Nuisance – writings on identity, jamming & digital audio production*, Wien.

Klaus Theweleit (1977-1978), *Männerphantasien*, Bd. 1 und 2, Frankfurt am Main.

Kai Cheng Thom (2019), *I hope we choose love*, Vancouver.

Sarah Thornton (1996), *Club cultures – music, media, and subcultural capital*, Middletown CT.

cranberry thunderfunk (2021), *outer][space*, Brooklyn NY.

Paula Treichler (1999), *How to have theory in an epidemic – cultural chronicles of AIDS*, Durham NC.

Kato Trieu (2021), *Future subject matter*, New York NY.

Ricky Tucker (2021), *And the category is ...*, Boston MA.

Underground Resistance (1988), *Interstellar fugitives*, 3 LP Set, Detroit MI.

Roger Vadim (Regie) (1968), *Barbarella*, Paris.

Ed van der Elsken (1956), Love on the left bank, London.

Bart van der Heide (Hg.) (2021), *Techno globalization pandemic*, Berlin.

tobias c. van veen (2010), »Technics, precarity and exodus in rave culture«, *Dancecult* 1, Nr. 2, S. 29-47, dj.dancecult.net/index.php/dancecult/article/view/286/262

Botond Vitos (2014), »Along the lines of the Roland tb-303 – three perversions of Acid Techno«, *Dancecult* 6, Nr. 1, dj.dancecult.net/index.php/dancecult/article/view/460/462.

Harron Walker (2020), »Mounting«, *Substack Newsletter*, Nr. 6, 30. März.

Maxi Wallenhorst (2021), »Like a real veil, like a bad analogy: dissociative style and trans aesthetics«, e-flux Journal, Nr. 117, April, www.e-flux.com/journal/117/385637/like-a-real-veil-like-a-bad-analogy-dissociative-style-and-trans-aesthetics/.

McKenzie Wark (2023), *Reverse Cowgirl*, Berlin.

Alexander G. Weheliye (2005), *Phonographies – grooves in sonic Afro-modernity*, Durham NC.

Terry M. Williams (2022), *Soft city – sex for business and pleasure in New York City*, New York NY.

Emily Witt (2021), »Clubbing is a lifeline – and it's back«, *New Yorker*, 24. Juni, www.newyorker.com/culture/dept-of-returns/clubbing-is-a-lifeline-and-its-back.

Mihir Zaveri (2020), »Rave under the Kosciuszko Bridge – are illicit parties endangering N.Y.C.?«, *New York Times*, 8. August, www.nytimes.com/2020/08/08/nyregion/nyc-illegal-parties.html.